유럽의 정복자 켈트 족

Celtic Ireland

AD 400 - 1200

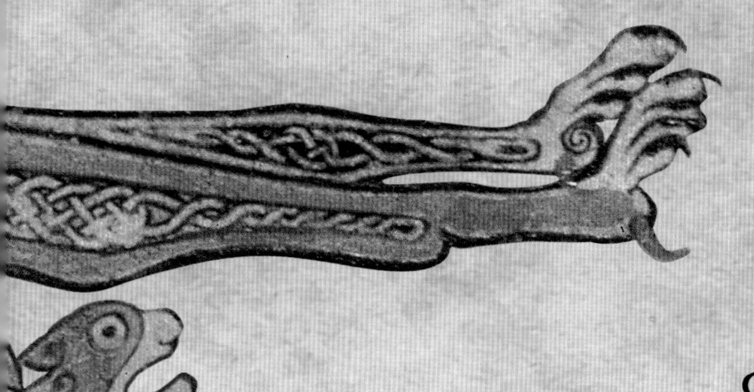

타임라이프 세계사 09 _ 켈트 족

유럽의 정복자 켈트 족

Celtic Ireland

AD 400 - 1200

타임라이프 북스 지음 | 전일휘 옮김

:: 차례

유럽의 정복자 켈트 족

아일랜드의 켈트 족 유산

–아일랜드 켈트 족의 개관과 연표

유럽의 켈트 족이 역사기록상에 처음 등장한 시기는 예수 탄생 500년 전이다. 고대 그리스 인들이 켈토이 족이라 불렀던 켈트 족은 중부 유럽의 본거지로부터 프랑스(갈리아), 스페인, 브리튼 및 아일랜드는 물론, 이탈리아, 그리스, 발칸 반도 및 소아시아 지역까지 퍼져나간 전사·농경 부족이었다.

켈트 족이 이와 같이 광활한 지역에서 문화적 우위를 확립했다고는 하지만, 정치적으로는 제국을 형성하지 못했으며, BC 2세기에는 점차 세력을 넓혀가던 로마 제국의 위세에 눌리게 되었다. BC 52년, 유럽 대륙 최후의 켈트 족 본거지였던 갈리아가 율리우스 카이사르의 군단에 함락되었으며, AD 1세기 말경에는 로마 제국이 유럽 전역과 브리튼 대부분의 지역을 장악했다. 유일하게 로마 제국의 점령을 면할 수 있었던 것은 아일랜드였다. 전하는 이야기로는 스코틀랜드 서부지역에 주둔했던 로마의 한 장군은, 아일랜드 점령은 소규모 원군의 지원을 받는 군단 하나면 충분할 것이라 단언했다고 한다. 그러나 아일랜드는 단 한 차례도 로마 군의 침략을 받지 않았으며, 켈트 문명의 보루로서 살아남았다.

외부세계의 영향을 상대적으로 덜 받았던 켈트식 생활양식은, 5세기에 기독교가 전래될 때까지 아일

BC 3000경	BC 500경	BC 250경	BC 52
아일랜드의 석기부족, 뉴그레인지의 것과 같은 정교한 돌방무덤을 세우기 시작함.	유럽 켈트 족에 관한 역사기록이 최초로 등장함.	켈트 족이 아일랜드에 거주하기 시작함.	켈트 족 지배하의 갈리아가 로마 제국에 복속됨.

랜드에서 융성했다. 기독교가 전래되기 이전의 켈트족에 대해서는 잘 알려져 있지 않으며, 한 역사가가 기술했듯이 그들은 여전히 "안개 속으로 흐릿하게 보이며, 그 목소리가 매우 희미하게 들리는 사람들"이다. 그들에 대해 알려진 것은 주로 아일랜드의 전설이나 설화에 기원을 두는데, 아일랜드의 전설 및 설화는 구전되다가 7~8세기에 걸쳐서 기록되었다.

아일랜드의 전설에는 타라의 코르막 맥 에어트나 얼스터의 코너 맥 네사와 같은 전사 왕들, 코노트의 메드브와 같은 사악한 여왕들, 그리고 쿠 훌인 같은 위대한 전사들이 등장한다. 아일랜드 설화는 또한 아름다운 여인들과 마법에 등장하는 야수들의 이국적인 세계를 그리고 있으며, 아일랜드의 민간전승, 관습 및 종교를 수호한 드루이드 교 사제들과 시인들, 마법과 요술, 기독교 전래 이전의 아일랜드 신들을 이야기한다.

이러한 이른바 영웅의 시대에 아일랜드 족장들은 로마 제국 지배하의 브리튼을 약탈하기 시작했는데, 잘 조직된 습격단을 내보내 브리튼의 해안지대를 급습하여 노략질을 했다. 그러한 노략질을 통해 한 10대 소년이 아일랜드로 잡혀오게 되었으며, 그가 바로 아일랜드를 영원히 변화시키게 되는 파트리키우스 마고누스 수카투스로서, 뒷날의 성 패트릭이다.

성 패트릭이 잡혀올 당시의 아일랜드 인구는 50만이 채 되지 않았으며, 모든 주민들은 관습법과 사회계급의 기본체제에 속박되어 있었다. 아일랜드 인들은 대륙을 가로질러 급속히 건너온 복음의 메시지를 무척 잘 수용해온 듯하다. 사정이 이와 같았으므로 비록 드루이드 교의 자취가 남아 있어 고대의 축제가 축일로, 이교도의 신들이 기독교의 성인들로 바뀌었다고는 하지만, 기존의 드루이드 교는 점차 소멸되어갔다.

당시의 아일랜드는 대부분 농촌지역으로, 유럽의 다른 나라들과는 달리 도시로서의 성장조건이 취약했다. 그리하여 성 패트릭 사후에 아일랜드에서 기독교가 확산되면서 뚜렷하게 아일랜드적인 특성을 띠게 되었다. 즉, 도시가 부재한 상태에서 수도원들은 중요한 반(半)도회 성격을 띤 중심지로, 대수도원장은 교회의 유력한 지도자로 급속히 변모한 것이다.

수도원들이 거점 역할을 한 형태는, 이후 유럽의 타 지역에 신앙의 지침을 마련해주게 된다. 실제로 6세기 후반에는 아일랜드의 수도사들이 유럽 대륙으로 순례를 떠나 많은 이교도 민족들에 복음을 전파했으며, 프랑스의 룩사이유, 벨기에의 포스, 이탈리아의 보비오 등과 같은 지역에 수도원을 설립했다. 그러는 동안 아일랜드는 일종의 황금시대를 맞이하여 학문과 예술, 문학이 꽃피었으며, 유학생들이 아일랜드의 수도원으로 몰려들었다.

수도원은 또한 이들 이외에도 달갑지 않은 이방인을 불러들여, 795년에는 바이킹 함선들이 아일랜드 해안에 출현했다. 그후 200년에 걸쳐 바이킹의 게릴라식 습격은 점차 정복과 정착을 위한 조직적인 출정으로 발전해갔다. 841년에 바이킹은 더블린을 세웠는데, 이는 아일랜드 내 최초의 바이킹 정착지였으며, 그후 바이킹은 코크, 리머릭, 워터퍼드, 웩스퍼드를 건설했다. 또한 바이킹은 아일랜드에 정착하면서 그곳 사람들과 결혼했으며, 아일랜드식 생활양식을 받아들였다.

바이킹 족(더 정확히는 아일랜드의 바이킹 족)은 1014년에 아일랜드의 브라이언 보루 대왕과, 더블린 및 렌스터의 왕들 간에 벌어진 클론타프 전투에서 중추적인 역할을 했다. 클론타프 전투가 바이킹에 대한 아일랜드의 승리로 묘사되는 경우도 있지만, 양쪽 모두 아일랜드와 바이킹 전사들로 구성되어 있었다.

790경	795	841	1002
필경사들과 사본 채식사들이 <켈스의 서>를 완성함.	바이킹 족이 처음으로 아일랜드를 습격함.	더블린이 건설됨.	브라이언 보루가 아일랜드 대왕에 등극함.

브라이언 보루 대왕 시대에는 아일랜드 대왕의 보위가 모든 군주에 개방된, 승리자가 차지하는 전리품과 같은 것으로서, 먼스터, 얼스터, 코노트, 렌스터의 왕들이 1014년에서 1169년에 걸쳐 수차례 왕위에 올랐다. 단일의 군주가 아일랜드 전 지역을 통치하리라는 기대를 영원히 종식시키며 또 한 차례의 침략과 정복의 시대 도래를 예고한 것은, 다름아닌 대왕의 자리를 차지하기 위한 경쟁이었다.

대왕이 되려는 야망을 뒷받침하기 위해 렌스터의 더못 맥 머로 왕은 외부에 도움을 요청하여 1168년에 앵글로-노르만 기사단이 도착했는데, 이들은 1세기 전 잉글랜드를 정복했던 노르만 족의 후예들이었다. 다른 왕들도 곧 그 뒤를 이었다. 노르만 계 잉글랜드 왕 헨리 2세가 교황의 지지를 들먹이며 1171년에 아일랜드로 건너와 아일랜드의 영유권을 주장했다.

이로써 켈트 족의 아일랜드를 한동안 유지시켜주던 고립의 시대가 끝나고 식민지 시대가 시작된 것이다. 앵글로-노르만 인들은 자신들의 법과 관습을 들여와 아일랜드 교회를 로마 교회의 정통적 전례에 맞추어 정비했다. 그러나 바이킹 족이나 그 이전의 기독교 선교자들과 마찬가지로, 노르만 인들은 아일랜드 인들을 개조시키려 했으나, 오히려 자신들이 아일랜드 인들의 영향을 받았다. 아일랜드 인들은 이미 그러한 모든 것들을 경험했던 것이다.

자신들의 조국이 또 한 차례 혼란과 변화의 소용돌이에 휩싸이자 그들은 과거에서 위안거리를 찾았다. 아일랜드 인들은 신화에 등장하는 영웅들의 위업으로, 성 패트릭 · 성 콜롬바와 켈트 교회 성자들의 업적으로, 드루이드 교 사제와 대왕의 시대의 생활을 들려주는 설화들로 스스로를 위로했던 것이다.

1154
교황 아드리안 4세가 잉글랜드의 헨리 2세가 제안한 아일랜드 침략계획을 공인함.

1167
쫓겨난 렌스터의 왕이 앵글로-노르만 연합군의 도움으로 아일랜드로 귀환함.

1170
앵글로-노르만이 아일랜드 동부지역 대부분을 정복함.

1175
헨리 2세가 아일랜드 최고 군주가 됨.

데리
네이 호
얼스터
에마인 마차
아마
다운패트릭
코노트
크로패트릭
모네스터보이스
켈스
뉴그레인지
미스
위스니치
(아일랜드의 배꼽)
보인 강
타라
새넌 강
더로
클론타프
더블린
클론맥노이즈
리피 강
클론퍼트
킬데어
애런 제도
폴나브론
글렌더라크
위클로
렌스터
새넌 강
아클로
리머릭
슬래니 강
아다
거르 호
캐셜
슈어 강
먼스터
웩스퍼드
워터퍼드
다누의 젖꼭지
리 강
코크
스켈리그 마이클 섬

성자와 학자의 섬 아일랜드

대서양의 끝자락에 자리잡은 아일랜드는 로마 제국에 정복당한 유럽 대륙을 대신하여 켈트 문화의 보고가 되었다. 로마 인들이 아일랜드를 점령하지는 못했으나, 수세기에 걸쳐 유럽의 여타 침략자들과 이주민들이 아일랜드 해안으로 밀려들었다. 브리튼의 기독교도, 스칸디나비아의 약탈자들, 잉글랜드와 웨일스의 불어를 사용하는 앵글로-노르만 인들이 그들이다. 위의 지도는 아일랜드와 그 주변국들과의 관계를 보여주고 있으며, 왼쪽의 지도는 이른바 피프스라고 하는 아일랜드의 5대 역사적 지역들, 즉 북부의 얼스터, 동부의 렌스터, 서부의 코노트, 남부의 먼스터 및 얼스터와 렌스터 사이에 끼어 있는 미스 지역을 보여주고 있다. 아일랜드의 배꼽인 위스니치에서 교차하는 것으로 알려진 이들 4대 지역은 각각의 특성과 관련되어 있다. 즉, 북부는 전쟁, 동부는 부, 서부는 학문, 그리고 남부는 음악을 대표한다.

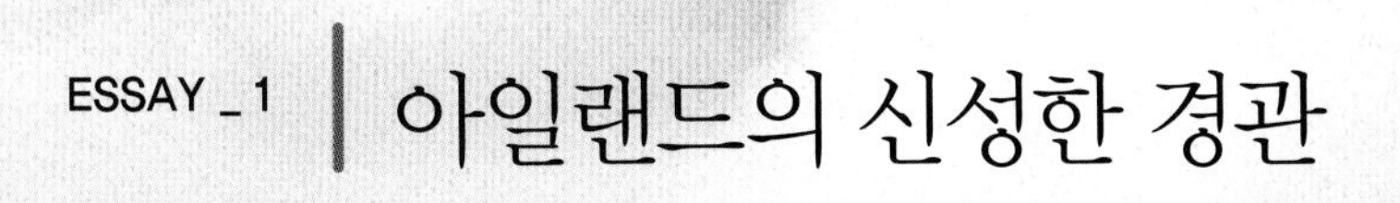

ESSAY _1 아일랜드의 신성한 경관

아일랜드의 켈트 족에게 초자연적 세계와 자연세계의 영역은 결코 분리될 수 없는 것이었다. 영령들과 신들이 나무나 바위, 강, 늪, 산에 깃들여 전원지역에 신성한 의미를 불어넣었던 것이다. 다산과 대지의 짐승들을 관장하는 대지의 여신이 있어, 대지 자체를 신성한 것으로 여겼다. 아일랜드 일부 지역의 이교도 여신들은 대지와 동일시되었으며, 이러한 여신들에는 리머릭의 에이네와 코크의 클리웃누 등이 있다. 여러 신들 가운데 탁월한 능력을 가졌던 것으로 보이는 대지의 여신은 다누 여신으로, 번영의 여신으로뿐만 아니라, 아일랜드 신들의 어머니로도 묘사되었다. 다누 여신이 관장한 지역은 먼스터로서, 이 지역에 있는 여성의 유방과 흡사한 쌍둥이 언덕에 다누의 젖꼭지(아래 사진)라는 이름이 붙여졌다. 먼 옛날, 케언(cairn)이라는 돌더미가 두 언덕의 꼭대기에 만들어져 다누 여신의 젖꼭지를 상징하게 되었다.

아일랜드의 초기 주민들은 신성한 자연경관에 메갈리스(그리스 어로 '거석' 이라는 뜻)로 알려진 거대한 구조물을 추가했다. 그들의 본래 의도는 알려져 있지 않으나, 켈트 족이 최초로 이러한 구조물과 마주쳤을 당시와 마찬가지로, 오늘날에도 여전히 경외심과 영감을 불러일으키고 있다. 이러한 유적을 자신들의 제식에 알맞게 나름대로 해석하며 켈트 족과, 이후로는 중세의 작가들이 유적지의 기원과 용도에 관한 전설들을 만들어냈다. 전설에서 이러한 신성한 장소는 신들이 살며 만나는 곳이요, 신과 인간이 영적 세계로 출입할 수 있는 입구이자, 제전 및 의식, 순례를 위한 성스러운 목적지이기도 했다.

동짓날 새벽이 되면, 뉴그레인지의 돌방무덤 입구 위쪽의 조그만 창을 통해 햇빛이 들어와 널방 가운데 하나를 통과한다(왼쪽 사진). 유럽에서 가장 웅장한 거석 구조물 가운데 하나인 뉴그레인지 돌방무덤은 묘석의 무게가 약 4,000톤에 이르며, 흙으로 덮여 있고, 무덤 둘레를 따라 부분적으로 거대한 연석들과 이보다는 작은 백색 석영이 놓여 있다.

초속적 세계로 통하는 문

아일랜드의 시골지역에 산재해 있는 고대 거석 구조물들 중에는 켈트 족이 아일랜드에 들어오기 수세기 전에 세워진, 위의 사진에 보이는 뉴그레인지의 것과 같은 돌방무덤으로 알려진 거대한 인공무덤들이 있다. 역사와 신화를 결합한 형태인 아일랜드의 민간전승에 의하면, 아일랜드 인의 조상들이 스페인으로부터 아일랜드에 도착해서 그곳에 살고 있던 신들의 마지막 세대와 싸워서 그들을 지하세계로 쫓아버렸다고 한다. 이들 신은 투아타 데 다눈(게일어로 '다누 여신의 백성'이란 뜻)이라 불렸으며, 그들의 새로운 지하왕국은 초속적 세계로 알려졌다. 초속적 세계는 호수와 동굴, 그리고 시(sidh)로 불린 뉴그레인지의 것과 같은 돌방무덤들을 통해서 접근할 수 있었다. 초속적 세계의 아버지 왕 다그다는 시를 투아타 데 다눈 중 최고의 신들에 주어 살게 했다.

초속적 세계는 신비와 모순의 땅이었다. 그곳에선 다그다와 여러 신들이 땅 위의 인간들과 똑같이 살았으며, 심지어 폭력과 죽음의 고통도 겪었다. 그러나 동시에 투아타 데 다눈의 왕국은 사냥과 음주, 향연이 끊임없이 이어지는 평화와 풍요로움의 낙원이었다. 하지만 인간들에게 초속적 세계는 위험한 곳이어서, 그곳에 갔던 자들은 살아서 빠져나올 수 없었다.

아일랜드에서 같은 형태 중 최대 규모인 라나크 크롬 더브(왼쪽 사진)나, 메이오 지방의 경탄을 자아내는 거대한 블랙손 포인트(오른쪽 사진)와 같은 환상열석들을 둘러싼 신비로운 분위기는 인신공희, 드루이드 교 의식 및 그곳에서 거행되었을 것으로 추정되는 기타 신비스러운 의식들에 대한 환상적인 사색에 적합해 보인다.

환상열석(環狀列石)

아일랜드의 거석 유적을 세운 이들은 다작을 하는 사람들이었다. 실제로 아일랜드에는 1,200개가 넘는 이러한 유적들이 있으며, 여기에는 뉴그레인지의 거대한 돌방무덤들뿐만 아니라, 입석, 열석 및 환상열석 등이 있다. 거석 유적은 고대의 것으로서, 그 상당수가 이집트의 피라미드와 대략 같은 시기에 세워진 것들이다. 켈트 족이 아일랜드로 들어오기 전이나 그 이후의 시대에 있어 거석 유적들의 용도가 무엇이었는지는 명확하지 않으나, 상대적으로 작은 규모의 유적들은 기독교 전래 이전의 아일랜드 이교도 의식에 활용되었을 것으로 추정된다.

예를 들어, 라나크 크롬 더브 환상열석은 아일랜드의 수확의 신 이름을 딴 것으로, 상당한 의미를 지닌 유적지였을 것이다. 라나크 크롬 더브의 입구는 삼하인 날의 일몰 방향에 맞추어져 있는데, 삼하인은 켈트 족의 계절에 따른 종교의식들 중에서 가장 복합적인 제전일이다. 삼하인은 11월 1일로서, 소들이 고지대 방목지에서 돌아오는 날이자, 여름이 끝나고 겨울과 새해가 시작되는 시점이다. 이날은 또한 구혼과 혼례의 날이기도 했다.

그러나 부활과 갱생의 약속에도 불구하고 오늘날 할로윈데이의 기원이 되는 삼하인은 불길한 날이기도 했다. 현세와 내세 간의 장벽이 일시적으로 허물어져 영혼들과 인간들이 두 경계 사이를 넘나들었던 때가 바로 이날이었던 것이다.

신들의 승낙을 얻기 위해 드루이드 교사제들은 위스니치의 거대한 돌더미(왼쪽 사진)에서 제물들을 바쳤다고 전해지는데, 이곳은 아일랜드의 배꼽으로 알려진 아일랜드의 중심부에 있는 한 지점이다. 돌더미로 표시된 이 지점은 또한 분할의 돌로도 불렸으며, 아일랜드의 4대 지역들이 교차하는 곳이다. 폴나브론 지석묘(맨 왼쪽 사진)의 규모가 주변경관을 압도하고 있다.

신들의 도움으로

아일랜드의 모든 거석 유적들 중 가장 극적인 것은 고인돌, 즉 지석묘(왼쪽 사진)이다. 지상의 무덤으로서 세워졌을 것으로 추정되는 고인돌은 육중한 갓돌을 지탱해주는 3~7개의 선돌로 이루어져 있으며, 그 모습은 마치 거대한 돌 탁자와 흡사하다. 고인돌에 사용되었던 일부 돌들은 무게가 100톤이 넘어서, 들어올려 주저앉지 않게끔 위치를 잡기 위해서는 고도의 기술과 엄청난 힘이 필요했을 것이다. 그렇다면 아일랜드의 켈트 족이 이러한 구조물들에서 신들의 유래를 찾았던 것은 당연하다.

아일랜드의 전설에서, 신들은 거대한 구조물을 세우는 것과 같은 기적적인 일을 수행할 능력이 있었으나, 한편으로는 인간의 유약함도 지니고 있었다. 신들은 인간들을 다룸에 있어서 용기 있고 너그러웠던 동시에 나약하고 짓궂기도 했다. 그러나 적어도 연인 디무드와 그란냐의 전설 속에 등장하는 신들은 인간들에게 많은 도움을 주었다. 디무드와 그란냐는 그란냐가 초로의 영웅 핀과 결혼하기 전날 밤에 함께 도망을 가게 된다. 여러 해 동안 두 연인은 디무드의 양아버지인 오엔거스 신 덕택에 격노한 신랑에 잡히지 않을 수 있었다. 오엔거스 신은 두 사람에게 한 장소에서 하룻밤 이상을 절대로 머물지 말라고 경고했던 것이다. 고인돌은 그들이 급하게 만든 은신처였고, 이를 기려 고인돌은 디무드와 그란냐의 침대로 불렸다.

전쟁의 여신 마차는 브로치를 이용해 네번 포트라고도 알려진 에마인 마차(왼쪽 사진)의 경계선을 그었다. 켈트 족의 아일랜드에서 가장 신성한 지역들 중에서, 에마인 마차는 다산을 기원하는 의식과 관련 있는 듯하다. 아일랜드 전설에 의하면, 거르 호(맨 왼쪽 사진)라는 신성한 지역에서 여신 에이네가 출산을 했다고 한다.

창조자와 파괴자

켈트 족의 여신들은 대지와 밀접한 관련이 있었다. 그러나 일부 여신들이 대지, 인간 및 가축의 다산을 보장하는 매우 직접적인 역할을 담당했던 반면, 창조적인 세력과 파괴적인 세력이 복잡하게 융합되어 있는 여신들도 있었다.

이를테면, 여신 마차는 농작물 재배를 장려하고 통치권의 개념을 대표함과 동시에, 전쟁의 여신이기도 했다. 마차의 성채인 에마인 마차(위의 사진)는 그녀를 위해 다섯 형제들이 지어준 것인데, 마차는 통치권을 두고 그들과 충돌하기도 했다. 마차는 결국 승리하여 그들을 노예로 만들어버렸다.

다산의 여신 에이네 역시 이와 유사한, 모순된 성격의 소유자였다. 에이네가 관장한 지역은 리머릭에 있는 거르 호로서, 이곳은 오랫동안 마법에 걸린 지역으로 여겨졌다. 그 이름이 '고통'을 의미했던 호수 속의 한 섬에서, 에이네는 출산을 위한 의자에 앉아 수확을 위한 산고를 겪곤 했다. 그러나 때로 에이네는 생명의 지속적인 순환의 반대편을 상징하기도 했다. 그녀는 심술궂은 노파로 모습을 바꾸어, 얼마간의 요구를 거절한 자들에게 불화를 가져다주었다고 전해진다.

1 :: 변화의 바람

로이야루 왕은 미스 지역에 있는 150m 높이의 타라 언덕 정상으로부터 아일랜드의 다른 네 지역에 있는 언덕들을 관망할 수 있었다. 이들 지역은 분할되어서 소왕국들로 나뉘어져 있었으며, 이 소왕국들을 통치하고 있는 왕조들은 서로 경쟁하고 있었다. 그러나 로이야루 왕 스스로 가끔 상기하듯이 타라에는 오직 한 사람의 왕만이 존재했으며, 그 왕이 있는 곳은 수천 년을 거슬러올라가는 신성한 장소인 보인 계곡에 있는 바로 이 언덕이었다. 그곳의 왕이 바로 로이야루 자신이었으며, 그는 가장 유력한 아일랜드 왕조들 중 하나인 이니아이울 왕조(후에 오닐 왕조로 알려지게 됨)의 수장이었다.

그러나 로이야루 왕에게는 근심거리가 있었다. 불과 27km 가량 떨어진 아일랜드 해안을 따라 해괴한 일들이 벌어지고 있다는 풍문이 들려오고 있던 터였다. 한 사내가 이 나라 저 나라를 떠돌며 이상한 새 종교에 관한 이야기를 퍼뜨리고 다닌다는 소문으로 인해 왕은 심기가 불편했다. 자신의 왕국은 여태껏 그 이방인의 행동에 별다른 동요가 없었다고는 하지만, 왕은 그저 두고 볼 수만은 없다고 생각했다.

로이야루 왕은 궁전으로 루켓 마일이라는 사람을 불러들였다. 루켓 마일은

켈트 족의 도안에 전형적으로 나타나는 가늘고 기다란 동물들과 섞어 짜여진 장식 띠들이, 십자가가 있는 채색 사본의 배경을 이루고 있다. 이러한 이른바 융단 페이지는 마태복음서에 앞서 린디스판에서 7세기 말경에 채색되었다. 린디스판은 잉글랜드 동북 해안 앞 바다에 있는 섬으로, 아일랜드의 수도사들이 건립한 수도원이 있는 곳이다.

드루이드 교 사제로서, 로이야루 왕이 가장 신임하는 능력 있는 인물이었다. 로이야루 왕은 그에게 임바스 포로스나('빛을 밝혀 알려주는' 이라는 뜻) 의식을 거행하라는 명을 내렸다. 이는 그 이방인이 타라 왕국과 오닐 왕조에 위협적인 존재가 될 것인지를 알아보기 위함이었다.

루켓 마일은 왕에게 예를 올리고 자신의 거처로 돌아왔다. 그는 조그마한 가죽 주머니에서 날 개고기 한 점을 꺼내 씹기 시작했다. 그리고는 기도를 하며 개고기를 뱉어서 자신의 집 대문 바로 안쪽의 판석 위에 올려놓았다. 그는 두 손을 모아 기도를 올리며 신의 계시로 미래를 내다볼 수 있게 해달라고 빌었다. 그날 밤, 그는 양손을 뺨에다 대고 누른 채 잤으며, 잠든 동안 하인 하나가 곁에서 지키며 초속적 세계로의 여행이 방해받지 않게끔 했다.

다음날 아침, 잠에서 깨어난 루켓 마일은 몹시 초조했다. 그가 본 미래상에 따르면, '외래의 생활양식' 이 그들에게 닥쳐올 것이기 때문이었다. 타라는 새로운 왕국에 압도당하게 되는데, 그것은 '멀리 바다 건너에서 들어온 미증유의 아주 어려운 가르침' 의 왕국이었다. 그 멈출 수 없는 힘은 '저항하는 왕들을 처단하고, 혹세무민하며, 모든 신들을 멸하고, 공예품 및 왕조를 영원히 사라지게' 만들 것이다.

또한 그가 꿈에서 얼핏 본 것은, 켈트 족이 오랜 세월 동안 유지해왔던 생활양식을 그 이방인이 끝장낼 것이란 사실이었다. 그는 곧바로 왕에게로 달려갔다. 루켓 마일의 동요를 감지한 왕은 임바스 포로스나 의식을 통해 본 모든 것을 숨김없이 고하라고 명령했다.

루켓 마일은 다음과 같은 시구를 읊조렸다.

"삭발한 자가 출현하리니, 그의 지팡이 끝은 구부러져 있다네… 집 앞 탁자에서 불경스런 말을 내뱉으면, 그를 따르는 무리들은 '그럴지어다, 그럴지어다' 라고 화답하리라."

로이야루 왕은 아마도 루켓 마일이 읊조린 시구의 의미를 이해하기 힘들었

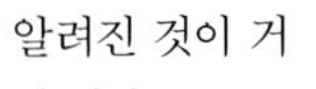

아래의 판화는 19세기에 제작된 것으로서, 2명의 드루이드 교 사제를 자세히 표현하고 있으나, 그들의 실제 모습이 어떠했는지에 대해서는 알려진 것이 거의 없다.

을 것이다. 그러나 그로부터 수백 년이 지난 7~9세기에 걸쳐 이 일을 기록한 자들에게 이 시의 의미는 명확했을 것이다. 또한 두 사람간의 대화내용은 꾸며낸 것이기는 하지만, 이야기의 골자는 사실에 가깝다. '불경스런 말을 내뱉음'으로써 고대 이교도 신들을 무찌르고 '외래의 생활양식'을 켈트 족의 아일랜드에 도입했던 삭발한 이방인과, 로이야루 왕 및 루켓 마일은 실존 인물이었다. 그 이방인은 다름아닌 아일랜드의 수호성인 성 패트릭이요, 그가 전한 말씀은 기독교였다.

성 패트릭이 5세기 중엽 무렵에 아일랜드 인들을 대상으로 포교를 함으로써, 루켓 마일이 예측했던 것처럼 모든 것이 변했다. 그러나 아일랜드의 켈트적 특성의 상당부분은 유지되었다. 아일랜드에서는 기독교 자체도 미묘한 변화를 겪었는데, 그것은 아일랜드 인들이 새로운 신앙인 기독교에 그들이 믿고 있던 구종교적 요소들을 혼합했기 때문이었다. 또한 아일랜드식의 군주제도 그로부터 수세기 동안 지속되다가, 앵글로-노르만 침략자들이 가져온 또 다른 외래의 생활양식이 강제로 유입됨에 따라 무너졌다.

그러나 새로운 질서하에서 가장 고통을 겪었던 이들은 구질서의 수호자들, 즉 루켓 마일과 같은 드루이드 교 사제들이었다. 아일랜드 이교의 수호자로서 드루이드 교 사제들은 권력과 신망에 있어서 일인지하 만인지상이었다. 사제와 예언가, 점성술사의 역할을 함께 수행했던 드루이드 교 사제들은 신비한 능력을 지닌 것으로 여겨져, 왕들 역시 그들의 능력을 소중히 여겼다. 또한 그들은 마력을 지닌 것으로도 알려졌는데, 전장의 적들은 그런 그들을 매우 두려워했다. 교회의 입장에서는 이러한 이유만으로도 그들을 저주할 충분한 이유가 되었다. 그러나 드루이드 교 사제들은 또한 중요한 교육자와 판관, 치료자, 달력 제작자의 역할도 담당했다. 그들이 엄청난 지식을 보유하고 있었다는 사실로 따지자면, 성 패트릭 이전 시대에 그들은 아일랜드 사회에서 꼭 필요한 존재들이었다.

기독교 전래 이전의 아일랜드 문화는 유럽의 켈트 문화와 마찬가지로, 드루이드 교 사제들과 기타의 사람들이 명맥을 이어온 구전에 바탕을 두고 있었다. 초기 켈트 족은 자신들의 사상과 의식, 생활양식에 관한 기록을 거의 남겨두지 않았다. 그러다가 어느 정도의 기록을 남긴 것은, 구전보다는 문자 기록을 더 중시하는 다른 문화들을 접한 후였다. 따라서 그들에 대해 알려진 내용의 상당부분은 외부 세계의 역사기록에 의존한 것이다. 이를 통해 드러나는 초기 켈트 족의 대략적인 모습은, 그들의 사회는 세련되었으며 역동적이었고, 종교는 제식을 중시했으며, 자연세계에 대한 경외에 그 뿌리를 두고 있었다는 것이다.

드루이드 교 의식은 야외에서 거행되기도 했는데, 타라(성 패트릭에 관한 어느 초기 전기에는 타라를 아일랜드의 '모든 이교와 우상숭배' 의 중심지라고 했다)와 같은 신성하고 유서 깊은 곳이나, 비밀 유지가 필요한 경우에는 숲속 깊숙이 감추어진 신성한 작은 숲 혹은 공터에서 이루어지기도 했다. 유럽 전역의 드루이드 교 사제들은 나무에 대한 깊은 경외심을 가졌던 듯하며, 특히 참나무와 산사나무, 주목을 귀하게 여겼다. 그러나 유럽 대륙에서 행해진 것으로 알려진 인신공희를 아일랜드의 드루이드 교 사제들이 거행했다는 증거는 그 어디에도 없다.

루카누스라는 로마의 작가는, 카이사르가 갈리아에 있는 드루이드 교 의식을 거행하던 장소를 발견하게 된 경위를 기술했다. 그곳은 아마도 아일랜드에서 드루이드 교 의식을 거행하던 곳들과 흡사했을 것이다. 루카누스는 다음과 같이 썼다. "그곳에는 고대로부터 인간의 손길이 닿지 않았던 자그마한 숲이 있었다. 큰 나뭇

드루이드 교 사제들은 이와 유사한 지팡이를 권위의 상징으로 지니고 다녔을 것이다.

가지들이 서로 얽혀 있어 주위는 어두웠으며 햇빛을 차단하고 있었다." 그는 계속해서 다음과 같이 묘사했다.

"나뭇가지 위에는 새들이 두려워 앉지 못했고, 야수들도 숨어들지 않았다. 그 숲에는 바람이 전혀 스며들지 않았고, 먹구름에서 내리치는 벼락도 떨어지지 않았다. 심지어 바람이 전혀 불지 않았는데도 나뭇잎이 저절로 살랑거리며 움직였다. 짙은 빛깔의 샘에서 물이 많이 떨어졌다. 떨어진 나뭇가지에서 형성된 거친 나무토막들이 험상궂으면서 투박한 신들의 형상을 하고 있었다. 또한 전설에 따르면, 땅 속의 구덩이가 흔들리며 큰소리로 울부짖은 적도 있었으며, 주목들이 곤두박질쳤다가 다시 솟구쳐오르고, 실제로는 불이 붙지도 않은 숲에서 마치 큰불이라도 난 것처럼 불빛을 볼 수 있었다고 한다."

의심의 여지 없이, 바로 이와 같이 격리된 곳에서 드루이드 교 사제들의 비전이 전수되었다. 그 전수 과정은 20년은 족히 걸렸던 것으로 알려져 있다. 비록 루카누스는 드루이드 교 사제들이 거행한 의식을 목격하지 못했을 테지만, 그는 그들의 '미개한 의식'과 '사악한 숭배방식'에 대해 기술하고 있다. 사실, 드루이드 교 사제들의 비밀스런 의식은 그들이 불어넣은 경외감을, 때로는 두려움을 확대시키는 역할을 했다.

후대의 역사기록자들(그들 중 일부는 중세의 역사기록자들)은 드루이드 교 사제들이 온갖 능력을 갖춘 것으로 보았다. 이를테면, 드루이드 교 사제들이 날씨를 바꾸어 눈보라를 일으켰고, 안개가 피어오르게 했으며, 피와 불의 소나기도 내리게 할 수 있었다고 그들은 주장했다. 심지어 드루이드 교 사제들은 '망각의 음료'를 만들어서, 인간의 기억에서 어떤 특정한 사건을 지울 수도 있었다는 것이다. 또한 그들은 전장에서 대승을 가져다줄 수 있었는데, 적군에게 주문을 걸고 아군을 보호해주는 이른바 드루이드의 방벽을 세우기도 했으며, 마법의 망토를 만들어 병사가 눈에 띄지 않게 해주는 방법 등을 썼다고 전해진다. 후대의 역사기록자들은 드루이드 교 사제들이 한쪽 팔을 쭉 뻗고 한쪽 눈을 감은 채 외다리로 서서는 왜가리의 자태를 흉내 내며 이러한 주문을 걸기도 한 것으로 생각했다.

루켓 마일과 임바스 포로스나 의식의 경우처럼, 예언은 드루이드 교 사제들의 중요한 역할이었음이 분명하다. 그러나 드루이드 교 사제들은 주변 환경, 즉 구름의 형태나 별자리, 새들의 노랫소리, 나무뿌리의 모양 등을 관찰하여 미래를 예언하기도 했을 것이다. 또한 비밀스런 의식을 통해 드루이드 교 사제들은 초속적 세계와 접촉하여 신들과 교통했을 것으로 보인다. 중세 아일랜드 설화는 이러한 초속적 세계를 황홀경과 끝없는 환희의 땅으로 규정한다. 즉, 그곳은 병자가 없고, 나이도 먹지 않으며, 음식과 술이 넘쳐나고, 새들이 지저귀는 소리로 가득하며, 돌들이 노래하는 땅이라는 것이다.

초속적 세계에는 투아타 데 다눈 족이 살고 있었으며, 이들은 유력한 신들의 어머니 신인 다누 여신의 종족이었다. 아일랜드 민간전승에 따르면, 투아타 데 다눈들은 드루이드 교의 술수와 마법에 능했던 종족으로, 먼 옛날 북방에서 아일랜드로 건너왔다고 전해진다. 그들은 도착하자마자 아일랜드를 자신들의 땅이라 주장했고, 아일랜드의 여러 족장들은 당연히 그들의 주장에 반기를 들었다. 곧 전쟁이 일어났고, 투아타 데 다눈들이 승리했으나,

로마 인들은 드루이드 교 사제들이 독이 오른 독사로 만든 마법의 알을 이용해 사악한 주문에 맞섰다고 주장했다. 이 알은 사문석으로 만든 것이다.

전쟁에서 그들의 왕 누아다는 한쪽 팔을 잃었다. 왕이란 육체적으로 온전해야 했으므로 누아다 왕은 브레스에게 양위를 해야 했다. 그러나 브레스는 결점이 많은 자로서, 왕으로서는 가장 치명적이라고 할 수 있는 덕을 갖추지 못했다. 투아타 데 다눈 족장들은, 그는 자신들의 "칼에 기름을 발라주지 않았으며, 자주 알현했지만 쓴 맥주 한잔 대접하는 법이 없었다"며 불만을 터뜨렸다.

한편, 누아다는 팔이 잘려나간 자리에 은으로 만든 새 팔을 맞춰넣었으며, 그가 빼앗겼던 왕의 자리를 되찾으려 하자 투아타 데 다눈들이 그에게 다시 몰려들었다. 그러나 브레스는 왕좌를 포기하지 않았고, 경쟁 부족인 포보르족에게 도움을 요청했다. 일대 결전이 불가피해졌다. 누아다와 투아타 데 다눈들은 타라의 궁전으로 자신들의 군대를 불러모았다.

출정 전날 밤 떠들썩한 연회가 베풀어지고 있을 때, 어떤 낯선 사람이 바깥 성문에 나타나 전투에 참가하고 싶다고 말했다. 그러자 파수병이 '기예가 없는 자는 타라에 들어올 수 없다'고 하며 어떤 일에 능한지를 물었다.

그 이방인은 "나는 목수요"라고 하며, 자신이 배를 만들 수 있다고 했다.

"당신 같은 자는 필요 없소. 우리에게도 목수는 있단 말이오"라며 파수병이 잘라 말했다.

"나는 대장장이오." 그 사내가 말했다. 그러나 파수병은 대장장이 역시 있다고 대답했다. 그러자 그는 그가 가진 모든 재주들, 즉 하프 연주자, 투사, 시인, 전사, 마법사 등을 열거했으나, 투아타 데 다눈들 중에는 이미 그러한 분야에 통달한 자들이 한 명씩은 있다는 대답을 들었다.

그러나 그 사내가 이 모든 재주를 다 지니고 있는 자가 있느냐고 묻자, 파수병은 그런 자는 없다며 한 발 물러서 그를 모든 기예의 달인으로 인정했다. 그런 후 그는 타라의 높은 성벽을 단번에 뛰어올라 연회에 모인 전사들로부터 환대를 받았다. 누아다는 이 걸출한 사내에게서 깊은 인상을 받은 나머지,

이번 전투의 지휘권을 그에게 넘겨주기로 했다.

그 사내의 이름은 루이며, '빛나는 자' 란 뜻으로서 켈트 족 사이에서는 널리 알려진 신이었다. 갈리아 인들이 루를 가리켜 '여러 기예를 지녔고 또 이에 두루 능했던' 신이라는 말을 듣고는, 카이사르는 그를 로마의 메르쿠리우스 신과 비슷하다고 보았다. 멋지고, 잘생기고, 강건한 루가 그토록 추앙받았던 것은 당연하다고 하겠다. 스페인의 레온, 폴란드의 리그니츠(지금의 레그니차), 프랑스의 리옹은 켈트의 신 루에서 그 이름을 따온 유럽의 도시들

이 청동 달력은 64개월을 표시하고 있으며, 로마 숫자, 로마 문자 및 갈리아의 켈트 말을 섞어서 씌어졌다. 이 달력의 연대는 BC 2세기나 BC 1세기로 추정되며, 드루이드 교 사제들은 이러한 달력을 이용하여 종교 제전에 가장 적합한 날을 선택했다.

이다.

다음날 포보르 족과의 전투에서, 루는 동에 번쩍 서에 번쩍 하며 전투 준비를 살피고, 투아타 데 다눈 병사들을 이끌고, 드루이드 사제들에게 명하여 적들에 불의 소나기를 내리게 했으며, 심지어는 '외다리를 하고 한쪽 눈을 감은 채로' 자신이 직접 주문을 걸기도 했다. 양쪽 모두 엄청난 피해를 입었다. 결국 루가 이끌었던 투아타 데 다눈 족이 포보르 족을 물리쳤고, 전장에서 죽어나간 포보르 족 병사의 수가 밤하늘의 별, 바닷가의 모래, 풀잎에 맺힌 이슬방울의 수만큼 많았다고 전해진다.

전쟁에서 승리한 후 루와 투아타 데 다눈 족이 아일랜드 왕국을 통치했으나, 얼마 뒤 켈트 족에 패하게 된다. 그러나 이번에는 양 진영이 타협을 하여 아일랜드를 둘로 쪼개었다. 켈트 족이 땅 위를 차지하고, 루와 투아타 데 다눈 족이 아일랜드의 언덕들 밑의 지하세계로 쫓겨나게 된 것이다. 그들은 지하세계의 전설이 되어 초속적 세계에 사는 자들로 묘사되었으며, 아일랜드인들은 그들이 '비탄과 비애를 몰랐고, 늙지도 죽지도 않았으며, 속세의 타락을 모른 채' 살아갔다고 믿었다.

아일랜드 시골지역에는 '시(sidh)'로 불리는 무덤들이 곳곳에 산재해 있다. 시는 실제로는 고분들이다. 그러나 켈트 족의 민간전승에 따르면, 시는 투아타 데 다눈 족의 왕국으로 들어가는 입구였다고 전해진다. 1년 중 특정한 날, 특히 11월 1일의 삼하인 축제 전날 밤에는 초속적 세계의 영혼들이 자유롭게 시를 빠져나와 전원을 거닐었으며, 길을 가던 인간들이 끔찍한 일을 당하는 경우도 있었다고 한다.

기독교가 전래된 이후에도 아일랜드 이교의 자취가 남아 있기는 하지만,

얼스터에서 발굴된 이와 같이 조잡하게 조각된 우상들이 이교의 숭배의식에 이용되었다.

성 패트릭과 그가 전한 복음의 영향으로 아일랜드는 근본적으로 변화하게 된다. 성 패트릭의 포교활동은 겨우 30년 남짓 지속되었으나, 성 패트릭 사후 수십 년 내에 아일랜드에는 기독교적 특성이 확고히 뿌리내렸다. 아일랜드의 많은 왕들이 새로운 종교인 기독교를 받아들였고, 기독교 성직자들로부터 비난받았으며 아일랜드 법으로 차별받았던 드루이드 교 사제들은 쇠락하여 결국 사라져갔다.

이러한 업적에도 불구하고 루캣 마일의 예언에 등장한 '삭발한 자' 성 패트릭은 그가 선택한 땅 아일랜드에서 처음에는 그다지 알려진 인물이 아니었다. 그가 죽자 시신을 수습하려 나서는 사람이 아무도 없었으며, 사료들을 보면 그가 얼스터의 다운패트릭에서 사망한 것으로 보이지만, 그가 잠들어 있는 곳은 오늘날까지도 수수께끼로 남아 있다. 마찬가지로 그의 출생일과 사망일을 정확히 아는 사람은 아무도 없다. 그의 명성이 높아진 것은 사후의 일이다. 적당한 시기에 활동했다면 아일랜드 인들은 그를 루와 맞먹는 신화적이고도 전설적인 위치로 끌어올렸을 것이다. 그러나 안타깝게도 성 패트릭은 그와 그의 업적에 관한 일말의 단서를 글로 남겼다. 이를 통해 우리는 그를 둘러싸고 있는 허구와 사실을 구분할 수 있으며, 성 패트릭의 실제 모습을 일부나마 엿볼 수가 있는 것이다.

"나, 죄인 패트릭은 수양이 매우 부족하며, 모든 신도들 중 믿음이 가장 약하고, 많은 사람들에게 손가락질받아 마땅하다." 이것은 성 패트릭의 자서전 〈고백론(Confession)〉의 첫 구절이다. 〈고백론〉은 그가 만년에 쓴 것으로,

이 신비로운 돌로 만든 두상에는 3개의 얼굴이 등장한다. 많은 켈트 인들은 이 인간 두상을 영혼이 머무는 것으로 여겨 숭배했으며, 세 번째 얼굴에서 특별한 힘이 나오는 것으로 여겼다.

그때쯤에는 그의 노력이 결실을 맺었을 시기임과 동시에, 교회 내부로부터 비행 혐의로 엄청난 비난에 직면해 있던 때이기도 했다.

그의 글에는 성 패트릭의 한결같은 품성들 중 하나인 겸손이 잘 드러나 있다. 위대한 선교사 패트릭은 자신이 하나님의 일을 수행하고 있으며, 자신이 낭비한 젊은 날을 보상하고 있을 뿐이라 여겨, 아일랜드에서의 그의 업적으로 인해 개인적 명예를 누리는 것은 적합하지 않다고 생각했다. 그러나 〈고백론〉의 첫 구절에는 또한 어느 정도의 방어적 태도, 즉 교회당국이 자신의 일생의 노고를 오해했다는 감정도 드러난다. 성 패트릭과 같이 겸손한 사람이 애당초 자신의 인생 이야기를 쓰게 된 동기는, 아마도 그렇게 하는 것이 기록을 바로잡을 수 있는 기회라고 생각했기 때문인지도 모른다.

로마 제국 지배하의 브리튼에서 출생한 성 패트릭의 본명은 파트리키우스 마고누스 수카투스였다. 그의 조부는 성직자(당시에는 성직자들의 결혼이 허용되었다)였으며, 그의 부친은 부제(副祭)이자, 마을 회의에서 중책을 맡았을 뿐만 아니라 소지주이기도 했다. 그러나 성 패트릭은 그 자신이 그리스도의 가르침을 진심으로 받아들이지 않았음을 고백한다. 그가 우러러본 대상이 있다면, 그것은 아마도 로마 제국이었을 것이다. 대부분의 브리튼 인들과 마찬가지로, 성 패트릭과 그의 가족은 로마 군단이 외부의 침략자들로부터 자신들을 지켜줄 것이라 믿었다.

패트릭은 게으른 소년이었다. 학교에서 그는 라틴 어와 기타 과목들에 별다른 관심이 없었다. 그가 후일 저서에서 고백했듯이, 15세 되던 해에 결코 자세히 밝힐 수 없었던 커다란 죄악을 범하게 된다. 젊은 패트릭의 인생을 바꾸어놓은 것은 일련의 우연한 사건들이었다.

이러한 사건들은 패트릭이 16세가 되던 무렵 시작되었다. 어느 날 그는 아

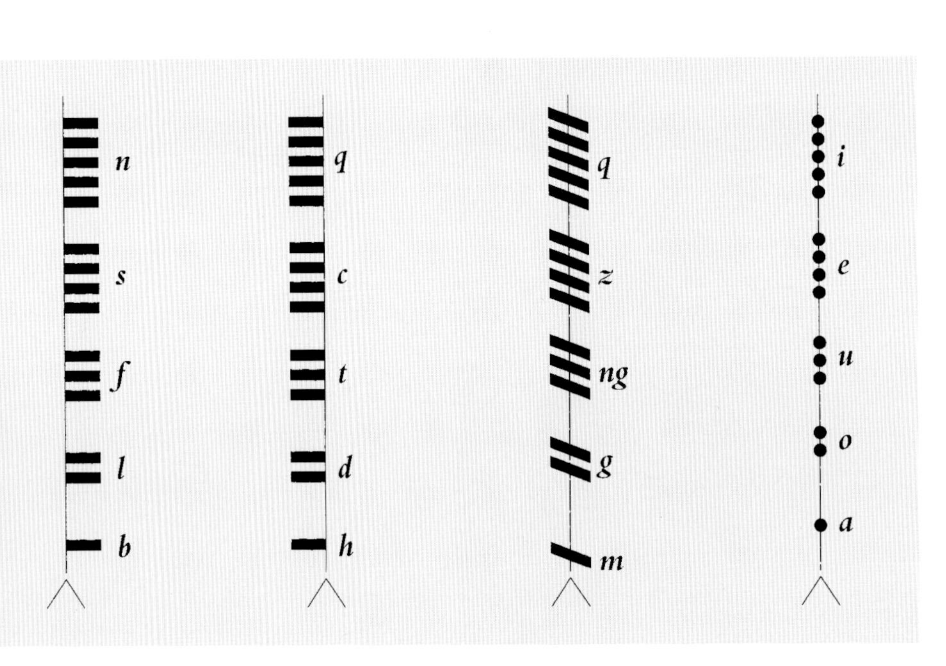

아일랜드 알파벳
사진에 나오는 지주석에는 5세기 아일랜드에서 사용되었던 알파벳 문자들이 새겨져 있다. 오검 문자로 알려진 아일랜드 알파벳은 20개 글자로 이루어져 있으며, 웅변의 신 오그마에서 영감을 얻어 만든 것으로 추정된다.
위의 그림을 참고하면 오검을 해독할 수 있다. 자음과 모음은 새겨진 금의 수, 위치 및 방향으로 식별 가능하다. 기독교 선교사들이 라틴 문자를 들여올 때까지 아일랜드에는 오검 이외의 문자는 없었다.

버지가 소유한 사유지에서 일을 하다가 침입자들에게 붙잡혀서 바다 건너 아일랜드로 끌려가게 되었다. 아일랜드에서 그는 노예로 팔렸다. 그후 5~6년 동안 패트릭은 양치기로 고생하며, 아마도 대서양(패트릭은 대서양을 '서쪽 바다'로 알고 있었다) 부근의 바람 부는 언덕에서 주인의 양 떼를 돌보았을 것이다.

아일랜드의 시골에서 수많은 나날들을 홀로 지낸 패트릭은 자신의 인생과 고향에 있을 때 그가 무시했던 종교적 가르침에 대해 성찰할 수 있는 시간을 가졌다. "점점 더 하나님에 대한 나의 사랑과 두려움이 커져갔다. 또한 믿음이 커져 내 마음이 움직였으며, 그 결과 어떤 날은 하루에도 백 번 가까이 기도를 드렸으며, 밤중에도 마찬가지였다. 나는 심지어 숲이나 산중에 머물며, 비가 오나 눈이 오나 동트기 전에 일어나 기도를 드렸다"라고 그는 회고했다.

이윽고 6년이라는 세월을 아일랜드에서 보낸 어느 날 밤, 꿈속에서 이제 고향으로 돌아갈 때가 되었노라고 말하는 목소리가 들렸다. 패트릭은 주저없이 양 떼들 틈에서 빠져나와 아일랜드 동부 해안에 이르는 300km가 넘는 모험길에 올랐다. 아일랜드 동부 해안에서 그는 유럽 대륙으로 향하는 짐배를 발견하게 된다. 그가 태워달라고 애원하자 뱃사람들(패트릭의 말을 빌리자면 '이교도들')은 그의 요청을 일언지하에 거절했다.

풀이 죽은 패트릭은 짐배에서 걸

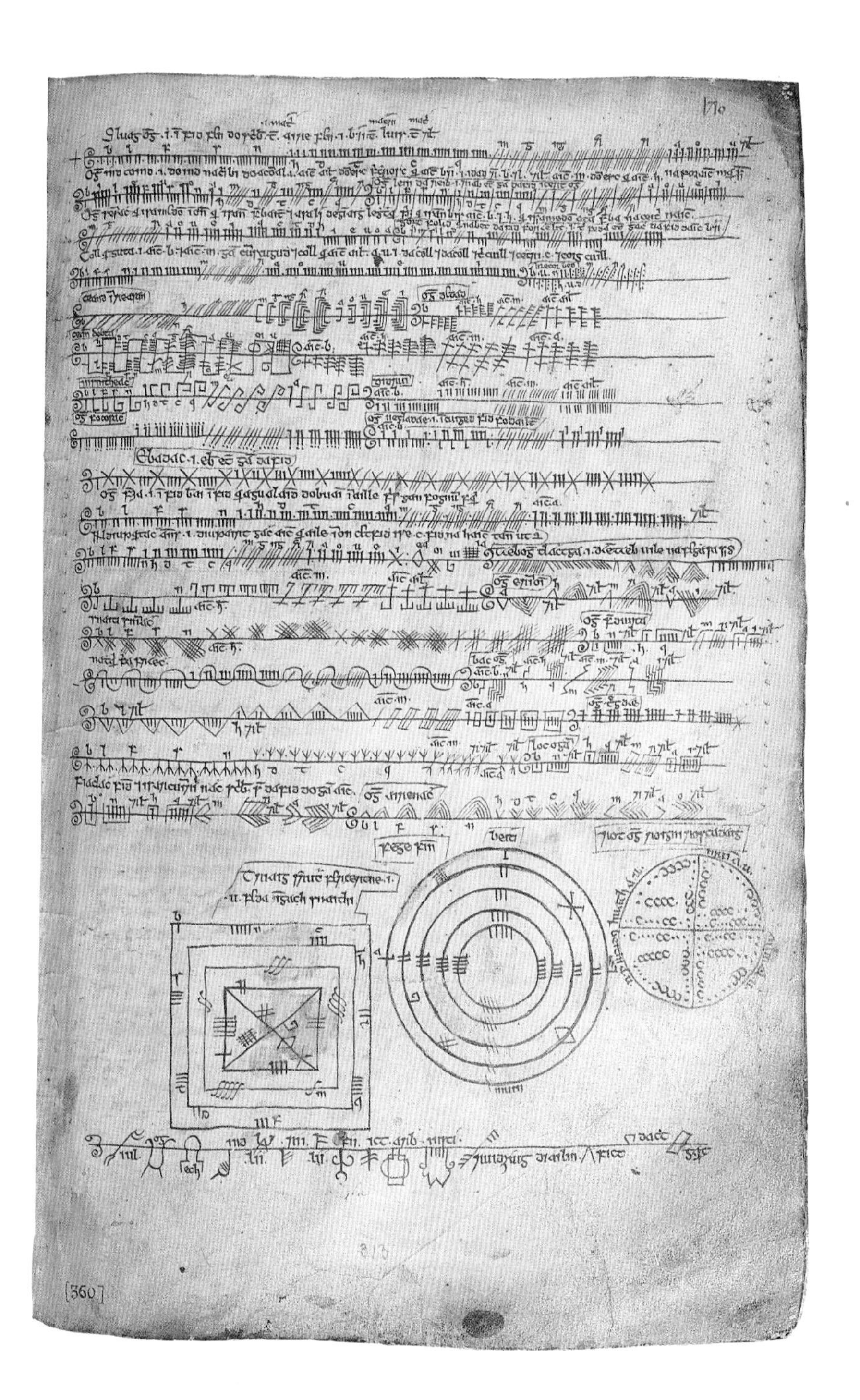

14세기의 〈밸리모트의 서(Book of Ballymote)〉의 한 페이지로서, 오검 알파벳에 대한 설명뿐만 아니라 아일랜드의 전설 및 법전, 가계도 모음도 수록하고 있는 필사서다.

어나와 하나님께 갈 길을 인도해달라고 기도를 드렸다. 기도가 채 끝나기도 전에 뱃사람들이 그를 다시 불렀다. "이봐, 타라구! 자네를 믿으니까 태우는 걸세." 뱃사람들 중 하나가 소리쳤다. "자네가 어디로 가는지 몰라도 우린 이제 한배를 탔다네." 도망친 노예 패트릭이 배에 오르자 배는 닻을 올렸다.

이 시점부터 패트릭의 행적은 명확히 알려져 있지 않다. 그가 쓴 글에는 이후의 일들이 띄엄띄엄 설명되어 있을 뿐이다. 닻을 올린 지 3일 만에 짐배는 육지에 닿았고, 패트릭은 뱃사람들과 함께 뭍에 상륙하여 사람이 살지 않은 불모지를 여행하게 된다. 그로부터 28일이 지나자 식량이 바닥나버렸고, 뱃사람들은 굶주림에 거의 초주검이 되었다. 뱃사람 중 우두머리가 패트릭을 비웃었다. "이봐, 예수쟁이! 이젠 어쩔 텐가? 자네는 자네가 믿는 신이 위대하고 전능하다고 했네. 그럼, 우리를 위해 기도해보지 그래? 이러다 모두 굶어 죽겠군."

이에 패트릭은 조용히 대답하길, 만약 하나님께 마음을 열기만 하면 부족한 모든 것이 채워질 것이라고 했다. 바로 그 순간, '눈앞에 돼지 떼가 나타났다' 고 한다. 뱃사람들은 돼지를 잡아 이틀간 포식하며 원기를 회복했다. 바로 그 순간부터 성 패트릭에 의하면, '뱃사람들이 자신을 존경의 눈으로 바라보았다' 고 한다.

그러나 불모지에서의 한 달간의 시련을 자세히 기술한 후, 패트릭의 이야기는 별안간 건너뛰게 된다. "몇 년 후 나는 고향으로 돌아와 친척들과 함께 시간을 보냈고, 그들은 나를 아들로 생각하며 맞이해주었다." 그 몇 년간을 어디에서 어떻게 보냈는지에 대해서는 전혀 언급하지 않았다. 그의 사후 1,500년 동안 전기작가들은 이 기간 중의 그의 행방과 활동을 추측해왔으나 그 누구도 확답을

내놓지 못했다.

패트릭의 가족은 그의 무사 귀환에 감사했으며, 그에게 다시는 집을 떠나지 말라고 신신당부했다. 그러나 어느 날 밤 그는 다시 꿈을 꾸게 되었는데, 꿈에서 한 사내가 그에게 편지 뭉치를 건넸고, 그중 한 편지에는 '아일랜드인들의 목소리' 라고 씌어 있었다고 한다. 그 순간 그는 아일랜드 사람들의 목소리를 들을 수 있었으며, 그들은 "애원하노니, 믿음 깊은 소년이여, 돌아와 우리와 함께 하소서!" 라며 울부짖었다고 한다.

"자네는 자네가 믿는 신이 전능하다고 했네.
그럼, 우리를 위해 기도해보지 그래?"

이 꿈이 계기가 되어 패트릭은 자신의 나머지 생애 동안 걷게 될 길을 택하게 된다. 그는 성직자가 되기 위한 공부를 마치고 아일랜드로 돌아가 그를 노예로 삼았던 사람들에게 복음을 전하려 마음먹었다. 공부는 열심히 했으나, 그 자신이 솔직히 인정했듯이 그는 학자가 아니었고, 결코 학자가 되지도 못했다. 실제로 패트릭이 쓴 글들을 보면, 그의 라틴 어 실력이 일생 동안 그저 그랬다는 사실을 충분히 확인할 수 있다.

그를 둘러싼 많은 다른 것들과 마찬가지로, 성 패트릭이 아일랜드로 되돌아간 날짜를 정확히 짚어낸다는 것은 불가능하다. 그것은 아마도 5세기 중반경이었을 것이다. 아일랜드 동남부 지역에는 일부이긴 했으나 이미 기독교를 믿는 자들이 존재했는데, 이는 이 지역이 브리튼과의 접촉이 빈번했기 때문이었다. 그러나 패트릭이 아일랜드에 도착한 당시에는 아일랜드 인의 절대다수가 그들의 조상이 믿었던 켈트 신들을 여전히 신봉하고 있었다.

이 성 패트릭 상은 15세기에 조각된 것으로, 성 패트릭이 아일랜드에서 뱀을 쫓아버렸다는 오랜 전설을 뒷받침해주고 있다.

패트릭은 현명하게도 초기에는 지역의 귀족층을 개종시키는 데 전념했다. 일단 족장들이 기독교를 수용하게 되면, 백성들이 곧 그들을 따를 것이라고 확신했기 때문이다. 족장들이 개종하자 그들은 새로운 신앙의식에 아들이나 딸을 여러 차례 나가게 했다는 점을 패트릭은 깨달았다. 이런 식으로 패트릭은 젊은 귀족층 자제들을 가르쳤고, 토착적인 아일랜드 성직자 집단을 만들어 그들이 복음을 더욱 널리 전파하도록 했다.

패트릭은 또한 기독교 선교사들이 감히 갈 엄두를 내지 못했던 아일랜드의 여러 지역들, '그 누구도 세례나 사제 서품, 혹은 선교를 위해 가지 않았던' 지역들을 과감히 개척했다. 이러한 선교활동 중에 많은 위험에 직면했는데, 이는 모든 족장들이 다 그의 복음을 수용한 것은 아니었고 드루이드 교 사제들의 반발 역시 만만치 않았기 때문이다. 특정 지역에서는 무사통과를 위해 뇌물을 바쳐야 하는 경우도 있었다. 또한 그는 '신의 예언으로 경고' 함으로써 순교를 면한 경우도 있었노라고 말한다.

아일랜드 인들을 대상으로 한 패트릭의 선교활동은 대성공을 거두었고, 이를 인정해 교회에서는 그를 아일랜드 주교로 임명했다. 그는 진심으로 만족감을 표시하며 '하나님을 몰라서 지금까지 항상 우상과 저주를 숭배했던 자들이 이제는 하나님의 백성들이라 불린다' 라고 단언했다. 그는 언제나 겸손한 태도를 잃지 않았으며, 모든 공로를 하나님께 돌렸다.

그러나 이러한 성공의 와중에 패트릭은 그의 만년에 어두운 그림자를 드리울 악의적인 분쟁에 휘말리게 되었다. 일부 사람들(이들 중 교회 내부의 사람들도 있었을 것이다)이 그를 비방하여, 그가 공금을 유용했다는 소문을 교계에 퍼뜨렸던 것이다. 이러한 소문에 그는 격노했던 듯하다. 그는 다음과 같이 썼다. "나같이 보잘것없는 사람이 하나님을 대신해 사제 서품을 함에 있어, 내가 그들 중 누구에게라도 신발값 정도라도 요구했다면 그랬다고 말해보시오. 그렇다면 그 돈을 되돌려줄 것이오."

그를 비난하는 자들은 심지어 그가 15세 때 저질렀다는 죄악을 들먹이기까지 했다. 그는 다음과 같이 회고했다. "30년이 지난 일을 가지고, 그들은 내가 이미 고백한 것을 트집 잡아 자신들의 주장을 정당화했다. 마음이 침울하고 괴로운 상태에서, 나는 절친한 친구에게 내가 소년이었을 때 한 짓을 이야기했다. 실로 그것은 한 시간 만에 벌어진 일이었으며, 그 당시 나는 유혹을 물리칠 만한 힘이 없었다." 그 친구는 패트릭의 고뇌에 찬 고백을 교회 관계자들에게 누설했으며, 그것은 일종의 배신 행위로서 그 일로 인해 패트릭의 상심은 더욱 컸을 것이다.

아쉽게도 바로 이 시점에서 역사기록이 중단된다. 그의 혐의들에 최종적으로 어떤 판정이 내려졌는지에 대해 남아 있는 기록은 없으며, 관례대로 그가 여생을 아일랜드에 머물며 다시는 고향으로 돌아가지 못했는지에 대해서도 확인할 길이 없다.

성 패트릭의 죽음에 관한 이야기가 기록된 것은 그가 죽은 지 100년이 지난 후의 일로서, 그때는 이미 그가 선택한 조국 아일랜드에서 유명해져 있었다. 따라서 그의 말년에 관한 기록은 천상심방이나 심지어 가시나무 떨기의 불길 등과 같은 구약성서를 연상시키는 기적적인 이미지로 가득 차 있다. 하지만 이때에 이르러서는 성 패트릭이 묻힌 장소가 잊혀져, 아일랜드 인들은 아주 중요한 수호성인 패트릭의 성골을 찾을 수가 없었고, 정성스레 묘를 세워 그가 잠든 곳을 기릴 수 있는 기회도 놓쳐버렸다.

그러나 성 패트릭이 자신을 내세우지 않았던 인물임을 감안한다면, 그에게 가장 어울리는 성소는 그의 일생에 걸친 업적 그 자체라고 할 수 있다. 그의 후계자들은 아일랜드 교회를 새로운 방향으로 이끌었다. 5~10세기에 걸쳐 아일랜드뿐만 아니라 유럽 전역의 기독교 성직자들은 일상사의 방해와 유혹을 차단하고 하나님에게 보다 가깝게 다가가고자 점차 내면으로 눈을 돌리게 된다. 아일랜드의 한 수도사의 말을 빌리자면, 하나님에게 헌신하기 위해서는 '인간을 현세에 구속하는 모든 욕망과 소유물을 스스로 벗어버리는 것' 이 필요했다.

유럽 전역에 등장한 수도원들에서 수도사들은 연구와 노동, 기도생활에 전념할 수 있었다. 일부 귀족들은 수도원 건립을 위해 자신들의 토지를 내놓으며, 친족을 대수도원장으로 내세우기도 했다. 아울러 아일랜드의 수도사들은 해외로 진출해, 개종시킬 이교도들이 존재했던 유럽 대륙과 스코틀랜드에 기독교의 전초기지를 세웠다.

사실 수도원 조직은 아일랜드 교회에 깊이 뿌리박히게 되어, 유럽의 다른 지역과는 달리 아일랜드의 대수도원장은 그 영향력이 주교와 맞먹는 경우도 있었다. 8세기의 영국 역사가 비드는, 해안가의 섬에 위치한 어느 아일랜드 수도원을 묘사하며 다음과 같이 썼다. "이 섬은 성직자인 대수도원장이 다스리고 있는데, 그의 권능은 주교들을 비롯한 전 지역 주민들에게 미친다. 그것은 특이한 위계질서로서 그들은 그들에게 처음으로 가르침을 준 자를 본보기로 삼는데, 그러한 사람은 주교가 아니라 성직자요 수도사였다."

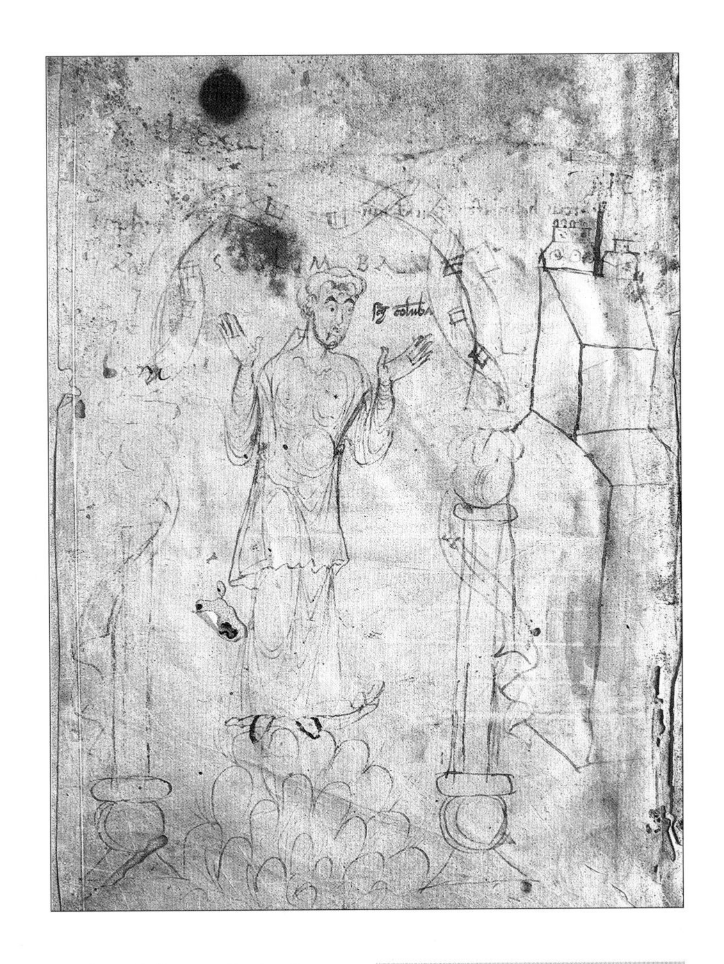

7세기에 씌어진 콜룸바 전기에 나오는 이 그림은 펜과 잉크로 그린 것으로, 콜룸바가 기적적으로 승천하는 장면을 보여주고 있다.

비드가 묘사한 수도원은 스코틀랜드 서해안에 있는 헤브리디스 제도의 이오나라고 하는 작은 섬에 있는 수도원이었다. '그들에게 처음으로 가르침을 준 자' 이자 수도원을 설립한 사람은, 성 패트릭이 아일랜드로 들어간 지 3세대 후에 출생한 사람으로서, 결국 성 패트릭처럼 성인의 반열에 오르게 된 콜룸바였다.

더못은 어둠 속에서 조심스레 수도원 안마당을 가로질렀다. 이때가 576년 3월로서, 동트기 전의 한기에 그의 몸이 떨리고 있었다. 여느 때와 마찬가지로 나무로 지어진 교회당의 어슴푸레한 윤곽 저편에서 여명 무렵의 첫 번째 햇빛이 하늘을 막 비출 무렵, 더못은 대수도원장의 방문 앞에 이르렀다. 대수도원장의 방은 윗가지를 엮어 칠을 한 조그마한 곳으로서, 입구가 매우 좁았다. 그는 촛불을 켜든 다음 허리를 구부려 안으로 들어갔다.

촛불에 드리워진 그림자들이 어른거리는 가운데, 그는 돌바닥에 돌베개를 베고 누워 있는 사람을 찾아냈다. 더못은 그가 놀라지 않도록 조심스럽게 그의 어깨에 손을 얹었다. 콜룸바는 뒤척이다가 서서히 눈을 떴다. 그리고는 기지개를 켜며 뻣뻣해진 몸을 일으켜세웠다. 이윽고 완전히 잠에서 깨어난 그는 가죽 신발을 신고, 흰색 아마포로 만든 발목까지 오는 예복에서 먼지를 털어냈으며, 허리에 가죽끈을 동여맸다.

더못은 벽 찬장에서 물주전자를 꺼

〈시편〉의 필사본인 〈카타크(Cathach)〉의 한 페이지로서, 콜룸바가 직접 필사했을 것으로 추정된다. 연대는 6세기의 것으로, 아일랜드 최고(最古)의 필사본이다.

주에게 더 가까이

아일랜드 서남 해안에서 13km 떨어진 곳에 스켈리그 마이클(왼쪽 사진)로 알려진 섬 하나가 자리잡고 있다. 이 섬은 암석으로 이루어져 있으며, 피라미드 모양에, 그 정상이 대서양으로부터 해발 약 210m에 이른다. 돌로 만든 좁은 층계가 섬을 둘러싸며 구불구불 나 있으며, 정상 근처에는 벌집 모양을 한 오두막(위 사진) 여섯 채, 기도실 2개와 교회 하나가 있어, 이 섬이 최소 500년간 사람이 살았던 조그만 수도원 자리였음을 알 수 있다.

스켈리그 마이클 섬과 여타 아일랜드의 오지에서 거주했던 수도사들은 참회와 기도로써 스스로를 정죄하려 했다. 그러한 생활은 쉽지가 않았겠지만, 적어도 12세기의 한 아일랜드 시인만큼은 그 속에서 기쁨을 발견했다. 그는 다음과 같이 썼다. "섬의 품에 머물며 섬 정상에 오르는 것은 매우 매혹적이라고 생각한다. 그곳으로부터 바다의 고요함을 지켜볼 수 있기 때문이다. 또한 전능하신 주를 찬양할 수 있으며, 천사들, 대지, 밀물과 썰물이라는 순수한 주인들이 있는 천국을 찬양할 수 있기 때문이다."

내 나무로 만든 얕은 주발에 물을 따랐다. 콜룸바가 두 손을 얼음같이 찬 물에 담그고는 얼굴에 물을 튀긴 후 가만히 서 있자, 더못이 면도칼로 짧은 수염을 깎았다. 아침 세정식은 대략 이와 같았을 것이다. 콜룸바는 이오나 수도원의 대수도원장으로서 하루 일과를 시작할 준비를 드디어 끝마친 것이다.

더못은 그가 모시는 대수도원장에게 양모로 만든 외투를 걸쳐주었고, 두 사람은 수도원 안뜰을 가로질러 오크하우스라고 불리는 수도원의 영적 중심지로 향했다. 이 조그마한 직사각형의 건물은 이오나 수도원의 30명 남짓한 수도사들의 예배당 구실을 했다. 두 사람이 예배당에 들어서자, 더못은 손 종을 요란하게 흔들며 수도사들을 아침예배에 불러 모았다.

수도사들은 1명씩 혹은 2명씩 짝을 지어 방에서 나와, 새벽 어둠 속에서 조용히 예배당으로 향했다. 그들의 복장은 대수도원장의 그것과 흡사했으며, 모두 켈트식 체발을 하고 있었다. 켈트식 체발이란 두 귀를 이어주는 선을 기준으로 해서 정수리 앞쪽의 머리카락은 삭발하고, 뒤쪽은 길게 기르는 것을 말한다. 회랑으로 줄지어 들어선 수도사들은 나무로 만든 긴 좌석에 자리잡고 묵상을 시작했다. 묵상을 하는 동안 일부 수도사들은 그들의 대수도원장에 대해 생각해보는 시간도 가졌을 것이다. 대수도원장이라는 불굴의 의지를 가진 사람이 있었기에, 그들은 자신들의 자유의지에 따라 대서양 끝자락에 자리잡은 이곳 섬 공동체로 오게 된 것이다.

어느 모로 보나 이오나의 대수도원장 콜룸바는 특이한 인물이었다. 아일랜드의 최고 귀족층 자제로 출생한 그는 타고난 카리스마와 서민성을 두루 지니고 있었다. 수도사들은 그를 흠모했으며, 수도원에서 키운 짐승들조차도 그의 인품에 이끌려 감응했다고 전해진다.

성 패트릭의 경우와 마찬가지로 콜룸바 역시 그를 흠모한 몇몇 전기집필자들이 그의 전기를 썼다. 아돔난도 그중 한 명으로서, 그는 콜룸바를 계승한 이오나 수도원의 제9대 대수도원장이었다. 또한 성 패트릭의 전기집필자들이 그랬던 것처럼, 그는 자신의 글을 자신의 수호성인 콜룸바에 대한 기적적인 이야기로 가득 채웠다. 그러나 당시에는 패트릭의 시대에 비해서 문자기록을 더 정확하게 남겼기 때문에, 콜룸바 생애의 사실적인 측면들을 더 자세하게 살펴볼 수 있다.

콜룸바는 520년경에 얼스터 북부지방의 유력한 귀족 가문에서 출생했으며, 사실 그는 그가 태어나기 약 100년 전에 타라의 왕이었던 로이야루 왕의 혈족이었다. 당시 아일랜드 왕족의 풍습에 따라 그는 어린 나이에 집을 떠나 양부에게 맡겨졌으며, 양부는 성직자로서 종교교육을 담당했다. 후에 콜룸바는 부제(副祭)가 되었으며, 성직자가 되기 위해 교회에 딸린 학교에서 성서와 '하나님의 말씀'을 연구했다. 그가 사제 서품을 받은 것은 551년이었다.

아돔난이 쓴 글에 의하면, 563년에 콜룸바는 "그리스도를 위한 순례자가 되기로 결심하고 멀리 아일랜드에서 브리튼으로 건너왔다"고 한다. 그가 조국을 떠난 이유에 대해서는 설들이 엇갈린다. 모르긴 해도 그의 혈족과 다른 왕가들 사이의 정치적 음모와 반목에 말려들었을 것이다. 혹자는 성 패트릭과 마찬가지로 콜룸바가 교회 지도부와의 갈등 때문에, 날조된 혐의로 교회 재판에 회부되었다고도 주장한다. 신빙성은 없으나, 심지어는 콜룸바가 가문의 원수들에 맞서 전장에 나갔으며, 드루이드 교 사제들이 연막을 치기 위해 일으킨 안개를 그가 기도로 걷어내버렸다는 해괴한 이야기도 있다.

이유야 어쨌든, 콜룸바와 그의 친구 및 친족들로 구성된 일단의 사람들—아돔난은 그들을 일러 '콜룸바의 12사도' 라고 했다—은 고향에서 멀리 떨어진 북쪽으로 가서, 스코틀랜드 주민들에게 복음을 전파하기 시작했다. 역사가 비드에 따르면, "그는 설교와 솔선수범으로 그 사람들을 그리스도 신앙으로 이끌었으며, 수도원을 건립할 이오나 섬을 그들로부터 얻었다" 고 한다.

쌀쌀한 3월의 그날 아침에 오크하우스에서 자신들이 사랑하는 대수도원장을 지켜보았던 많은 수도사들은 이오나 섬의 짧은 여름 중에 콜룸바와 함께 이곳으로 들어온 일을 기억할 수 있었다. 섬에 도착한 직후 그들은 작은 무인도인 이오나 섬의 동쪽 끝에 집을 짓기 시작했다. 이오나 섬에는 석재는 충분했으나 목재가 부족하여 교회를 짓기 위해 수도사들은 육지에서 개빙(開氷) 구역을 가로질러, 소나무와 참나무를 통나무로 만들어 조그만 배들 뒤에 묶어 날라야 했다. 날씨가 나빠지기 전에 돌투성이 땅을 개간하고, 씨를 뿌려 추수를 하기에는 시간이 부족했으므로, 수도사들은 아일랜드나 브리튼의 보급선에 의존하여 이오나 섬에서의 첫 겨울을 견뎌냈음이 분명하다.

그러나 이듬해 봄에는 자신들의 공동체를 자급자족으로 꾸리는 과업에 착수했다. 수도사들은 섬의 서쪽 끝에 있는 경작지에 보리를 파종하고 보리밭 주변에 돌담을 쌓아 대서양에서 불어오는 매섭고도 질긴 바람을 막았다. 그들은 육류와 치즈나 버터 따위를 섭취하기 위해 배로 가축(아마 돼지와 양)을 실어왔다.

| 복음의 전파 |

이 그림은 〈켈스의 서〉에 나오는 성 요한의 초상화로서, 전통적인 필사도구인 깃펜과 그 밑에 있는 원추형의 작은 잉크병을 보여주고 있다.

"이 모든 것은 인간이 아니라 천사의 작품임에 틀림없다." 웨일스의 제럴드는 1185년에 킬데어에서 본 필사서를 보고 이렇게 단정지었다. 그러한 찬사를 유발했던 책의 이름은 알려져 있지 않으나, 아마도 7세기와 9세기 사이에 아일랜드 수도사들이 만든 필사 복음서들 중 하나였을 것이다. 필사 복음서들은 작은 그림과 정교한 문양으로 장식되었으며, 여기에는 나선, 기하학적인 문양 및 섞어 짜여진 장식 띠와 동물 문양 등이 이용되었다. 만약 제럴드가 모든 채식사본들 중 최고인 〈켈스의 서〉를 보고 찬사를 보낸 것이라면 이 같은 그의 반응은 쉽게 이해가 간다.

특별히 준비한 송아지 피지에 필사된 이러한 복음서들을 제작하기 위해 수도원의 필경사들과 채식사들은 많은 도구를 준비해야 했다. 그들은 갈대와, 조각칼 끝으로 자른 거위와 까마귀, 기타 새들의 깃대를 이용하여 굵은 선과 가는 선을 그었다. 또한 굵기가 다양한 짐승의 털로 만든 붓을 이용하기도 했으며, 잘못 그린 부분을 긁어내는 데는 칼을 사용했다. 암소 뿔로 만든 잉크병을 바닥에 고정시키거나 필경사의 의자 팔걸이에 부착시켰으며, 잉크는 녹반과 오크 몰식자의 즙으로 만들었다.

4복음서의 첫 페이지와 같이 장식이 많이 들어가는 페이지를 도안할 때는 나무로 만든 양각기와 자, 공구 등을 사용했다. 채색을 위해 채식사들은 식물안료와 무기안료를 이용했는데, 일부는 아일랜드 내에서 구했으며, 일부(아프가니스탄의 힌두쿠시 산맥에서 나는 군청과 같은 것)는 비싼 값을 치르고 수입하기도 했다. 적색 안료 중 어떤 것은 특정한 종류의 참나무만을 먹고사는 지중해 곤충으로 만들었다.

이러한 아름다움 외에도 아일랜드의 복음서 제작에는 이교도의 개종이라는 실용적인

〈더로 복음서〉에 실린 마가복음은, 라틴 어로 '시작'을 의미하는 이니티움(initium)의 첫 두 글자 'I'와 'N'을 합성한 이니셜로 시작된다.

나선과 장식 띠, 새들이 '~이므로'에 해당하는 라틴 어인 쿠오니암(Quoniam)의 첫 글자 Q를 장식하고 있다. 이 사진은 〈린디스판 누가복음서〉다.

아일랜드 선교사들은 시골여행 중 소중한 책들을 보호하기 위해 아래와 같은 가죽가방에 책을 넣어 다녔다.

목적도 있었다. 복음서의 상당수는 글자가 큼직하고 또렷하게 필사되어 교회에서 큰 소리로 낭독하기가 용이했으며, 복음서들이 제단 위에 전시되거나 신부가 복음서를 높이 들면 글을 모르는 회중들은 아름다운 장식을 감상할 수 있었다. 이 걸작들이 웨일스의 제럴드를 매혹시켜 '예술의 신비가 눈을 관통' 했듯이, 1,000년이 지난 지금도 우리는 이 걸작들에 매혹되어 경외심을 가지고 바라본다.

위의 사진은 〈켈스의 서〉에 수록된 마태복음서로서, 행간의 그림은 줄무늬 고양이가 달아나는 쥐를 지켜보고 있는 장면인데, 쥐가 입에 문 것은 성찬식 빵인 듯하다.

"내 손은 필사로 지쳤네. 가느다란 큰 글자는 아직도 굽어지지 않고,
내 뾰족한 펜이 맑은 청색 잉크로 딱정벌레 빛깔의 그림을 그려낸다네.
나는 잉크를 머금은 작은 펜을 끊임없이 놀려,
눈부시게 아름다운 책들을 만들며, 사람들이 가지게 될 그림을
장식한다네. 그래서 내 손은 필사로 지쳐 있다네."

—11세기 아일랜드 민간전승

곡물창고와 헛간을 짓고 담장을 쌓아올리려면 통나무가 더 많이 필요했다. 교회와 수도사들의 방들이 있는 안뜰 근처에는 손님들을 위한 숙소가 들어섰으며, 식당은 다른 건물들에서 다소 떨어진 곳에 지어졌는데 이는 화재의 위험 때문이었다. 안뜰의 자투리땅은 약초 재배를 위해 남겨두었다. 수도사들은 또한 흙으로 담을 쌓아 약 2만 5,000평을 둘러쌌으며, 이것을 수도원의 경계로 삼았다.

574년경에 이오나 섬의 수도원 공동체가 완성되었으며, 곧 수도사들이 새로이 모여들었는데 이들 중에는 아일랜드 인뿐만 아니라 브리튼 인들도 있었다. 수도원 건설 작업이 마무리되자 수도사들은 각자 맡은 일에 전념하기 시작했다. 일부는 밭을 갈거나 약초를 재배했으며, 일부는 대장장이나 석공, 목수가 되어 수도원이 매일매일 순조롭게 운영되도록 했다.

수도사들은 심지어 널빤지에다 짐승의 가죽을 덮은 작은 배들을 만들어서 교통수단으로 이용하기도 했으며 고기를 잡기도 했다. 또한 뱃사람이나 어부의 재주를 지녔던 수도사들도 있었겠지만, 스코틀랜드 해안의 거친 바다와 예측할 수 없는 날씨로 인해 목숨을 잃는 경우도 더러 있었다. 수도원의 역사를 기록한 자료는, 한번은 강풍으로 인해 '6명의 이오나 수도사들이 익사했다' 고 적고 있다.

이오나 섬의 식구가 늘어나자, 콜롬바 대수도원장은 일부 수도사들에게 세속적인 허드렛일 대신 필사 임무를 부여했다. 필사는 명예로운 과업이었으며, 스크리바(scriba)라는 직함은 수도원 세계에서는 명예의 상징이었다. 필사 기술은 엄청난 훈련을 요했으며, 필경사가 절묘한 삽화가 들어간 채색사본(아일랜드 수도사들은 필사 기술로 유명하다) 한 권

을 만들기 위해서는 자신의 방 침침한 불빛 아래 의자에 웅크리고 앉아 수많은 시간을 보내야 했다.

그러나 수도원에서의 직분이 무엇이었든간에, 이오나 수도사들이 스스로 택했던 삶은 고단한 것이었다. 일요일에는 기도하는 데 하루를 바쳤고, 다른 날에는 깨어 있는 시간 대부분을 노동에 전념했다. 나머지 시간에는 기도나 식사를 했다.

수도사들은 영양 많고 풍성한 식사를 하여 체력을 유지했다. 보리가 그들의 주식으로, 틀에 넣어 빵으로 굽거나 갈아서 죽을 만들어 먹었다. 여름철에는 보리 대신 양파와 당근, 양배추, 완두콩 등을 주식으로 삼았다. 치즈와 버터는 젖소에서 얻었다. 육류는 특별한 경우를 위해 아껴 먹었으나, 주변 바다에서 나는 생선과 굴은 언제나 넘쳐났다.

규율이 더 엄격했던 일부 아일랜드 수도원에서는 술을 금했으나, 이오나 섬의 수도사들은 물과 우유, 유장(乳漿), 그리고 맥주를 마셨다. 이보다 다소 늦은 연대의 일화에는 2명의 대수도원장의 대화가 등장한다. "자네 수도원에서는 하나님을 망각하게 하는 음료를 허용해서는 안 된다네." 대수도원장 중 한 명이 말했다. 그러자 또 다른 대수도원장이 대꾸했다. "글쎄, 우리 수도원의 식솔들은 맥주를 마셔야 한다네. 그리하면 그들은 자네 수도원 식구들과 더불어 천국에 가 있을 걸세." 그러나 맥주를 금했던 수도원에서도 손님 접대용의 맥주는 만들었을 것이다.

그 엄격함으로 알려진 아일랜드 어느 수도원의 대수도원장은 수도사들의 매일매일의 섭생을 다음과 같이 정리했다.

아일랜드 서남지방의 수도원 자리에서 1980년에 발견된 이 은제 교구(敎具)는 바이킹이 침략한 시기에 숨겨둔 것으로 추정된다.

"그들이 원하는 대로 하게 내버려두어서는 안 되며, 허용된 음식만 먹여야 한다. 지쳐 잠들게 해야 하며, 걸으면서도 졸게 해야 하고, 잠이 부족해도 억지로 깨워야 한다. 부당한 대우를 받더라도 입을 다물게 해야 하며, 수도원장을 주인처럼 두려워하게 하고, 아버지처럼 사랑하게 하며, 그가 내린 모든 분부는 자신에게 유익한 것임을 믿게 만들며, 윗사람의 의견에 이의를 제기하게 해서는 안 된다."

콜룸바는 위의 별난 대수도원장보다는 수도사들을 온화하게 대해주었다. 이오나 섬의 수도사들은 콜룸바의 분부를 기꺼이 따랐는데, 이는 처벌이 무서워서가 아니라 그에 대한 무한한 존경심 때문이었다.

때마침 이오나 수도원과 그 설립자 콜룸바 대수도원장의 명성이 널리 퍼졌고, 원래 콜룸바와 동행하여 아일랜드에서 건너왔던 사람들이 아일랜드뿐만 아니라 헤브리디스 제도의 다른 섬들과, 스코틀랜드 본토에 이오나 수도원의 분원들을 세우기 시작했다. 곧 이오나 섬의 고립은 옛이야기가 되어버렸다. 이오나 섬은 수도사들과 아일랜드나 브리튼에 있는 정치 및 교회 중심지들을 이어주는 거미줄 같은 해로 및 육로 연결망의 중심지가 되어버린 것이다. 이오나 섬에 오기 전에 고향에서 겪었던 어려움에도 불구하고, 콜룸바는 명망있고 존경받는 대수도원장이 되어 있었으며, 그는 군주들과 성직자들에게 정기적으로 사절단을 파송했다. 마찬가지로, 끊임없이 이오나 섬을 찾아왔던 방문자들로 인하여 콜룸바는 가족과 친지 및 그가 아일랜드에 설립한 수도원들과 연락을 취할 수 있었다.

방문자들을 따뜻하게 맞이해주는 것은 아일랜드 수도원의 전통이었다. 이오나 섬으로 들어오는 이방인들을 환영하는 때가 수도원의 일과가 중단되는 유일한 시간이었다. 수도사들은 바닷가에 모여 새로운 손님을 맞이하며 그가 여행을 무사히 마친 것에 감사의 기도를 드리곤 했다. 그러고 나서 방문자를 수도사들의 간소한 숙소보다 훨씬 안락한 숙소로 안내해 발을 씻겨주고, 원하는 모든 수발을 들어주었다. 수요일과 금요일은 금식일이었으나, 방문자가 이때에 도착하면 금식이 해제되고 특식(아마도 육류가 포함된)이 제공되었다. 대부분의 방문객들은 지위 고하를 막론하고 이오나 섬의 명망 있는 대수도원장을 접견했던 듯하다.

콜룸바는 자신의 여러 수도원들을 관리하고 이오나 섬의 일과를 감독하며 길고도 풍요로운 삶을 영위했던 것 같다. 71세의 나이에도 그는 여전히 수도원 제분소에서 식당으로 밀가루 자루를 나르며 일상의 허드렛일을 도왔다. 그로부터 2년 후의 어느 날, 콜룸바의 일대기를 쓴 아돔난에 따르면, 콜룸바는 자신에게 죽음의 그림자가 다가오고 있는 환영을 보았다고 한다. 2명의 수도사와 자신의 방에서 대화를 나누던 중 갑자기 콜룸바의 얼굴에 '기적적이며 지복적인 환희' 의 기색이 비쳤다. 그러나 얼마 지나지 않아 그의 안색은 '쓸쓸한 고뇌' 의 빛을 띠었다. 두 수도사는 몹시 놀라, 기분을 그토록 근본적으로 변화시킨 그가 본 환영에 대해 말해달라고 부탁했다.

마음의 평온을 되찾은 콜룸바는 그들로부터 아무에게도 말하지 않겠다는 다짐을 받은 후 눈물이 두 뺨을 타고 흘러내리는 것도 잊은 채 말하기 시작했다. "오늘이 내가 브리튼에서 순례자로서의 삶을 시작한 지 30년째가 되는 날이지. 오래 전 나는 주님께, 30년이 되는 날 나를 이 세상에서 놓아주시어 주님의 나라로 곧장 불러주십사 하고 간절히 기도드렸다네." 콜룸바가 설명하길 그의 표정이 환희의 빛을 띠었던 것은 다음과 같은 이유 때문이었다고 한다. "주님께서 보내신 천사들이 이 육신으로부터 영혼을 인도하려는 것을 보았지. 그러나 보다시피 갑자기 그것이 연기되어 천사들이 우리 섬 건너편의 바위에 서서 기다리고 있다네. 주님께서 이 사람의 소망을 들어주셨으나…." 그는 말을 이어갔다. "그럼에도 불구하고 주님께서는 내가 관여하고 있는 많은 교회들의 기도에 답하셨네. 왜냐하면 이들 교회에서 주님께, 비록

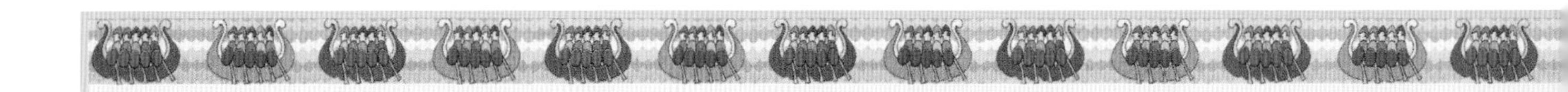

| 바다로부터의 위협 |

아일랜드 인들의 기독교로의 개종이 매우 순조로웠다고는 하지만, 8세기 말경 새로운 종교인 기독교에 대한 위협이 대두되었다. 그러한 위협은 스칸디나비아에서 바다를 건너온 약탈자의 모습으로 등장했다. 약탈자들을 지칭하는 말에는 데인 족, 노스맨, 혹은 간단히 '이방인들' 등 여러 가지가 있었다. 이들이 바로 오늘날 우리가 바이킹 족으로 알고 있는 사람들이다.

애초에는 이들의 약탈이 산발적이었으며, 해안지역의 취약한 수도원들을 목표로 삼았다. 그러나 820년대에 이르러 바이킹의 군대는 보인, 리피, 섀넌 강에 배로 침투하여 아일랜드 중심부까지 진출했다. 비록 아일랜드 인들이 그들에 맞서 일부 전과를 올렸다고는 하지만, 바이킹 침략자들의 기세를 꺾지는 못했다. 바이킹은 귀중한 금속세공품들을 약탈해갔으며, 사로잡은 사람들을 노예시장에 내다 팔았다. 한 수도사는 여느 때와는 달리 두려움이 없었던 어느 날 밤을 다음과 같이 묘사했다. "오늘 밤 바람이 지독히 불어오고 / 바다의 백발이 바람에 날려간다네 / 오늘 밤 나는 아일랜드 해에서 쳐들어오는 / 노르웨이의 사나운 전사들이 두렵지 않네."

일반적으로 바이킹은 약탈을 한 후에는 퇴각을 했으나, 839년에 그들은 네이 호에서 겨울을 났다. 그로부터 2년 후 그들은 리피 강에 상설 주둔지를 설치했는데, 이곳이 훗날 더블린 시가 된다. 바이킹-그들은 곧 기독교를 받아들이게 된다-은 정착하기 위해 아일랜드에 왔던 것이다.

바이킹은 위의 사진의 것과 같은 암석 해안에 위치한 아일랜드 수도원들까지 약탈했다. 오른쪽의 석상들은 793년의 린디스판 약탈을 재현하는 기념물이다.

"함선과 돛단배, 그리고 함대가 엄청나게 밀려오고 수없이 바다에 출현하여, 모훈(먼스터) 전 지역의 항구와 성문, 언덕, 요새, 성채 들을 데인 족과 해적이 휩쓸었다. 그리하여 그들은 그 지역을 철저하고도 무차별적으로, 약탈과 칼과 정복의 땅으로 만들어버렸다. 또한 그들은 그곳에 있는 족장들의 집과 특권을 누리던 교회, 성역 들을 파괴했으며, 성소를 유린하고 성골함과 서적을 강탈해갔다."

—아일랜드 인들의
이방인들과의 전쟁, 12세기

내가 원치 않더라도 4년 더 이 사람이 육신에 머물러야 한다고 기도드렸기 때문이지."

대수도원장 콜룸바가 보았던 환영은 그대로 실현되었다. 77세가 되던 어느 봄날, 콜룸바는 수레를 하나 준비시켜서 이오나 섬의 서쪽 끝으로 자신을 데려다달라고 했다. 거기에서 그는 밭에서 일하고 있던 수도사들에게 다음과 같이 설교했다. "나는 4월의 부활절 직후에 주 예수 그리스도의 부름받기를 간절히 바랐습니다. 그러나 기쁜 축일날 그대들이 슬퍼하지 않도록 나의 승천일을 조금 더 뒤로 미루고자 합니다." 수도사들은 이 말을 듣고 아연실색했으며, 콜룸바는 얼마간을 그들과 함께하며 최선을 다해 그들을 위로했다. 그리고는 수도사들이 비탄에 잠긴 눈으로 지켜보는 가운데, 그는 수도원으로 돌아왔다.

성석(聖石)

십자가가 새겨진 입석(오른쪽 사진)은 고대 이교도들의 다산의 상징을 떠올리게 한다. 이 입석은 아일랜드 인들이 기독교를 조상들의 신앙과 융합한 방식을 잘 보여주고 있다. 후에 이와 같은 양식을 계승하여, 석판 하나로 만들어지는 아일랜드 고(高) 십자가(Irish high cross)들이 곳곳에 들어서기 시작했다. 59쪽의 고 십자가는 섀넌 강변이 위치한 클론맥노이즈 수도원 공동묘지에 있는 것으로서, 성(聖) 십자가(Scripture cross)로 알려진 양식의 전형이다. 십자가의 모든 면에 새겨진 부조는 구약과 신약의 장면들을 보여주고 있다. 성 십자가는 선교사들이 글을 모르는 사람들에게 복음을 전파하는 데 도움을 주었으며, 바이킹 침략자들을 겨냥한 기독교 신앙의 상징물이었을 것으로 추측된다.

수도사들은 바이킹을 피해 뒤편에 보이는 원형 탑에 은신했을 것이며, 수도원의 귀한 물건들을 거기에 숨겼을 것이다. 수도사들은 사다리를 이용해 원형 탑으로 들어갈 수 있었으며, 탑에 들어간 후에는 사다리를 끌어올렸다.

며칠 후 주일미사 도중 콜룸바는 천사 하나가 교회로 하강하여 그가 '빌린' 영혼을 데려가려는 환영을 보았다. 그는 죽음이 임박했음을 알았다. 그 다음주에 그는 자신의 충직한 시종 더못과 함께 수도원 여기저기를 둘러보면서 시간을 보냈으며, 곳간에 곡식이 가득하고 수도원의 모든 작업장이 순조롭게 운영되고 있음에 만족했다.

콜룸바가 수도원을 둘러보던 어느 날, 수도원 농장으로부터 우유통을 운반하는 말 한 마리가 가던 길을 내려와서는 그의 앞에 멈추어 섰다. 그 말은 머리를 공손하게 낮추고는, 아돔난의 말을 빌리면, "마치 사람처럼 울기 시작했는데, 성 콜룸바의 품에서 눈물을 쏟아내면서, 입술에서는 구슬땀을 흘려가며 큰 소리로 구슬프게 울었다"고 한다.

콜룸바는 그 말을 축복해주고는, 돌아서서 수도원이 내려다보이는 근처의 작은 언덕에 올랐다. 그의 성인 시절 대부분을 보냈던 고향과도 같은 잘 정돈된 수도원 공동체를 유심히 바라보며, 그는 양 손을 들고 다음과 같이 말했다. "아일랜드 군주들과 백성들, 또한 미개한 외국의 통치자들조차 그들이 통치하는 부족들과 더불어, 이 수도원이 작고 초라할지라도 이곳에 큰 경의를 표하게 될 것이다. 또한 다른 교회의 성인들 역시 이곳에 크나큰 경의를 표할 것이다."

그리고는 오후 늦게 콜룸바 대수도원장은 방으로 돌아가 자신이 하고 있던 일 중 하나인 시편의 필사를 계속했다. 그날 밤 자정미사를 알리는 종소리가 울리자, 그는 방에서 서둘러 나와 다른 수도사들에 앞서 어두운 교회에 들어섰다. "수도원장님, 어디에 계십니까?" 그의 뒤를 따르던 더못이 큰 소리로 외쳤다. 교회 안쪽의 측랑 쪽으로 조심스럽게 나아가던 그는 제단 앞에 누워 있는 콜룸바를 발견했다. 다른 수도사들이 등불을 들고 교회로 황급히 들어와 더못이 엎드려 있는 주변으로 모여들었다. 죽어가는 대수도원장을 자신의 팔에 안고서 더못은 대수도원장이 수도사들을 마지막으로 축복해줄 수 있도록 그의 오른팔을 들어올렸다. "그는 그후 곧바로 숨을 거두었다"고 아돔난은 기록하고 있다. 콜룸바의 시신은 그의 방으로 다시 경건하게 모셔졌으며, 그의 머리는 조심스럽게 돌베개에 뉘어졌다.

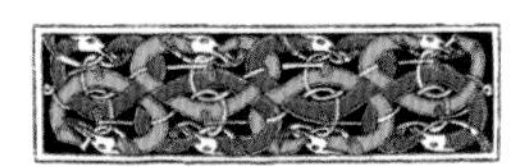

"장례가 끝남과 동시에 바람이 멈추었고,
폭풍우가 잠잠해졌으며, 바다 전체가 고요해졌다."

아돔난이 쓴 책에는 콜룸바가 죽기 몇 년 전에 했던 대화와 관련된 일화가 등장한다. 수도사들 중 하나가 콜룸바에게 다음과 같이 말했다고 한다. "대수도원장님께서 돌아가시면, 이 지역의 모든 사람들이 줄지어서 이오나 섬 전체를 가득 메우며 장례식에 참석할 것입니다." 이 말에 콜룸바는 자신이 죽으면 장례식에는 이오나 수도원의 수도사들만이 참석하게 될 것이라고 조용히 대답했다고 한다.

또 한번 콜룸바의 예언이 적중했다. 그가 죽은 직후 3일 밤낮을 거센 폭풍우가 불어서 그 누구도 이오나 섬으로 들어올 수 없었다고 한다. 그리하여 그의 장례식은 이오나 섬 수도사들의 몫으로 남겨졌다. 그들은 시신에 깨끗한 아마포로 만든 수의를 입히고 자신들이 사랑했던 대수도원장을 묘에 안장했다. 아돔난은 이 일화에 어울리게 다음과 같이 글을 맺는다. "장례가 끝남과 동시에 바람이 멈추었고, 폭풍우가 잠잠해졌으며, 바다 전체가 고요해졌다. 이로써 우리의 위대한 수호성인은 생을 마감했으며, 그의 은혜에 대한 보답이 시작되었다."

아일랜드는 이교도 왕 로이야루와 성인 콜룸바 사이의 약 100여 년 남짓한 기간 동안 엄청난 변화를 겪었다. 그후에도 수세기에 걸쳐 변화의 바람이 지속적으로 불어와, 외세와 외국의 사상들이 유럽의 변방 아일랜드에 유입되었다. 그러나 새것이 옛것을 완전히 대체할 수는 없었다. 루, 누아다, 그리고 투아타 데 다눈 족들과 같은 과거의 망령들이 아일랜드 신화에서 사라지지 않을 것이며, 아일랜드의 켈트 정신이 계속 이어지게 될 것이기 때문이다.

ESSAY _ 2

천로역정

기독교가 아일랜드에서 뿌리를 내려감에 따라 많은 사람들이 순례길에 올라야 할 사명감을 느꼈다. 성 패트릭과 콜룸바 같은 예언자들의 본보기를 따르며, 선교사와 왕족, 일반 백성들이 너나 할 것 없이 유럽 대륙으로 건너가 가난, 역경, 참회의 삶을 영위함으로써 천국에 가고자 했다. 9세기경, 유럽을 순례했던 아일랜드 페레그리니(peregrini), 즉 순례자의 수가 워낙 많아 독일의 수도사 발라프리트 스트라보는 그들을 두고, "그 아일랜드인들과 더불어 외국 여행길에 오르는 습관은 이제 제2의 천성이 되어버렸다"고 했다.

전형적인 아일랜드의 순례자들은 행장을 가볍게 꾸리고 다녔는데, 8~9세기경의 돌 부조물(왼쪽 사진)에서 볼 수 있듯이, 그들은 질긴 신발을 신고 순례자임을 나타내는 종과 지팡이만을 지니고 다녔다. 결국 유럽 대륙의 기존 교회들이 가난하고 거처 없이 떠돌던 아일랜드 순례자들에게 가한 제재와, 반복되는 바이킹의 약탈로 인한 위험 때문에 그들의 순례는 아일랜드 내의 성지에 국한되었다. 순례자들은 브리짓, 브렌던, 케빈, 패트릭 등과 같은 성인들로 인해 성지가 된 곳들을 둘러보며 아마도 의식하지 못하는 가운데, 아일랜드가 수세기 전에 버렸던 이교도 신들과 오랜 관련이 있는 장소에도 찬사를 보냈을 것이다.

성 브리짓(위의 삽화)으로부터 축복을 받고자 했던 순례자들은 그녀의 이름과 독특한 십자가가 새겨져 있는 뮬링가에 있는 우물(왼쪽 사진)과 같은 성스러운 우물들을 찾아갔다. 기독교 전래 이전에는, 샘과 우물은 신들의 숨겨진 세계로 통하는 입구로 여겨졌다. 후일 성 브리짓이 돌본 우물들은 불임과 기타 질병들을 치유하는 능력이 있는 것으로 알려졌다.

브리짓, 아일랜드의 수호성인

아일랜드의 성인 중 아일랜드의 이교에서 기독교로의 개종을 가장 잘 반영하는 인물이 성 브리짓이다. 아버지는 이교도 귀족이었으며, 어머니는 노예 출신 기독교도로서 드루이드 교 사제를 위해 일했다고 한다. 전설에 의하면, 브리짓은 결혼을 하지 않으려고 스스로 한쪽 눈을 멀게 하여 온전히 하나님께 헌신할 수 있었다고 한다. 일부 학자들은 브리짓이 역사상 실존인물인지에 대해 의구심을 표시하고 있지만, 추종자들이 보이는 열성의 측면에서는 그녀가 성 패트릭 다음이다.

성 브리짓의 품성의 상당부분은 켈트 족이 신봉했던 여신 브리짓에게로 거슬러올라갈 수 있다. 여신 브리짓의 아버지는 다그다('대지 신' 이라는 뜻) 신이었으며, 어머니는 가축의 수호여신이었다. 이교도의 임볼크 축일은 매년 2월 1일로서, 이날에는 양들의 탄생과 암양들이 젖을 내는 데 있어서 여신 브리짓의 역할을 기렸다. 성 브리짓의 축일 역시 2월 1일이다. 성 브리짓의 전기집필자들은 다산을 관장한 여신 브리짓의 특성의 상당부분이 성 브리짓에게도 있다고 여겼다. 그들은 성 브리짓이 지친 여행자들과 가난한 사람들을 위해 엄청난 양의 우유와 버터를 만들었던 따뜻한 인물로 묘사하고 있다. 그녀는 목욕물을 맥주로 바꾸어 방문 중인 성직자들의 갈증을 해소시켜주었으며, 어느 부활주일에는 한 부셸의 맥아로 맥주를 만들어 미스 지역에 있는 17개의 교회를 넉넉히 대접했다고 한다.

그녀의 생애에 대한 이야기들에 따르면, 5세기에 킬데어 수녀원을 세운 사람이 바로 성 브리짓이라고 한다. 킬데어 수녀원은 아일랜드 최초의 여성들을 위한 신앙공동체였으며, 이교의 교세가 강력했던 지역을 기독교 신앙의 중심지로 변모시켰다. 킬데어라는 이름은 '참나무 교회'를 의미하는 아일랜드 어 '켈 다라(Cell Dara)' 에서 나온 것으로, 참나무는 드루이드 교 사제들이 신성시했던 나무였다. 킬데어 수녀원 자리는 원래 여신 브리짓을 기리는 신성한 불이 끊임없이 타올랐던 곳으로서, 1220년 교회에서 그 관례를 중지시킬 때까지 성 브리짓을 기려 19명의 수녀들이 그 불을 관리했다.

덧신 모양을 한 16세기의 성물함(아래 사진)에는 성 브리짓의 신발을 두었다고 전해진다. 성스러운 우물가에 놓여 있는 철제 잔(왼쪽 사진)이 브리짓을 상징하는 십자가로 장식되어 있다.

성 브렌던의 항해

아일랜드 서남해안에 위치한 딩글 반도(오른쪽 사진)에 있는 그의 은둔지가 아일랜드 순례자들이 즐겨 찾는 명소가 되기 이전에는 성 브렌던 자신도 순례자였다. 전하는 이야기로는, 6세기에 브렌던과 17명의 수도사들이 둥근 밑바닥에 가죽을 친 배인 코라클을 타고 '서쪽 바다'를 횡단하여 '약속된 성자들의 땅'을 찾기 위해 출항했다고 한다.

7년간 그들은 환상적인 섬들을 차례차례 항해했다. 한번은 바위나 식물이 없는 어느 섬에 도착하여, 음식을 만들기 위해 떠다니는 나무로 불을 지폈다. 이때 발밑의 땅이 요동치기 시작하자 서둘러 배에 올랐는데, 알고 보니 그들이 상륙한 곳은 고래 등이었다고 한다.

성 브렌던과 수도사들은 무사히 아일랜드로 귀환하여 골웨이의 클론퍼트에 수도원을 세웠다. 그후 수세기에 걸쳐 순례자들은 성 브렌던을 모방하여 아일랜드 연안의 섬들로 해상순례를 떠났다. 해상순례의 주요 기착지들 중 하나는 '성 브렌던의 별장'으로, 이곳은 딩글 반도의 브렌돈 산 정상의 지점(오른쪽 사진의 맨 오른쪽)으로서, 이곳에서 성 브렌던이 그의 서사적인 항해를 위해 배를 건조했던 것으로 전해진다.

성 브렌던이 인어에게 축복을 내려주고 있다.
그는 7년간의 북대서양 항해 도중,
수많은 상상 속의 동물들과 마주쳤다고 한다.

금으로 된 코라클 모형은 성 브렌던의
항해 500년 전에 만들어진 것으로,
18개의 노들이 갖추어져 있다.
18이란 숫자는 성 브렌던과 그의
수도사들이 항해를 위해 필요로 했던
노의 숫자와 일치한다.

성 케빈의 은둔지

아일랜드 일부 성인들의 삶에 대한 서술과는 달리, 성 케빈의 전기는 그가 조용한 신앙생활과 수도원에서의 은둔에 치중했음을 나타내고 있다. 그의 혈통에 대해서는 거의 알려져 있지 않다. 다만 왕가의 눈 밖에 나서 몰락한 렌스터의 한 귀족 가문 출신이라고 짐작될 뿐이다. 수도사들로부터 교육을 받은 후, 케빈은 사제 서품을 받았다. 그후 그는 위클로의 글렌더라크(오른쪽 사진)에서 은둔자로 살았는데, 전하는 바로는 한 천사가 그를 상서로운 곳으로 인도했다고 한다.

성직자 케빈은 훗날 '성 케빈의 무덤' 으로 알려지게 되는 한 동굴에서 금욕생활을 했다. 그 동굴은 청동기시대에 한때 무덤으로 쓰였을 법도 하다. 제자들이 그의 주변에 몰려들기 시작하자, 케빈은 점차 커져가던 공동체를 이끌며 교회와 수도원을 설립하게 되는데, 그의 수도원은 학문으로 명성을 얻게 된다.

결국 글렌더라크 수도원은 아일랜드의 성지 가운데 하나가 되었으며, 순례자들이 몰려들어 이곳 순례자들의 대사(大赦) 신청수가 로마 순례자들의 그것의 7분의 1에 달했다. 글렌더라크라는 지역 자체는 무척 아름답고 성령 감응적인 곳이어서, 자연과 조화를 이루었다는 평판을 듣는 성인의 거처로서는 완벽한 환경이다. 글렌더라크 수도원은 수달 한 마리가 성 케빈에게 가져다준 연어들로 얼마간 유지되었다고 전해지며, 성 케빈은 무척 평화로운 삶을 보내 120세까지 살았다고도 한다. 그러나 이러한 동물들과 교감하는 따뜻한 이야기들과는 극명한 대조를 보이는, 케빈의 엄격한 면을 보여주는 일화도 있다. 일화에 의하면 성 케빈은 경건한 묵상생활을 하고 있는 그를 유혹하여 꾀어냈던 한 여인을 벼랑에서 던져버렸다고 한다.

성골을 찾아왔던 순례자들은
글렌더라크의 리퍼트 교회 벽에 나 있는
좁은 문(왼쪽 사진)을 통해 자신을 낮추어,
벽 너머에 있는 성 케빈의 무덤으로 향했다.
오래되어 닳아버린 성 케빈 상(오른쪽 사진)이
12세기 글렌더라크 십자가를 장식하고 있다.

성 패트릭의 발자취를 따라서

아일랜드의 성인들 중 가장 널리 알려진 성 패트릭과 관련하여 사람들이 자주 방문하는 곳이 두 군데 있는데, 크로패트릭과 더그 호가 그곳이다. 신성한 이 두 곳(한 곳은 철저히 기독교적이며, 또 다른 한곳은 그 기원이 고대다)으로의 순례는 오늘날까지도 계속되고 있다.

크로패트릭이라 불리는 메이오에 있는 산(오른쪽 사진)은 기독교 전래 이전 아일랜드 인들이 태양의 신 루를 기려 여름철 제전을 개최했던 장소였을 것으로 추정된다. 기독교 순례자들은 1년 내내 크로패트릭에 순례를 왔지만, 가장 순례자가 많았던 시기는 언제나 7월의 마지막 주일로서, 이날은 이교의 제전일과 같은 날이다.

전통적으로 순례자들은 맨발로 자정부터 산에 오르기 시작한다. 산길을 밝혀줄 등불이나 촛불만을 지니고 하는 등산은 약 3시간이 소요되며, 성모 마리아의 묘지라고 불리지만 사실은 고대의 무덤과 유사한 케언에서 마무리된다.

순례자들이 크로패트릭에 오르는 것은 성 패트릭의 성전(聖傳)을 따르기 위한 것이다. 성 패트릭은 40일 밤낮 동안의 금식기도를 위해 그 산에 올랐던 것으로 전해진다. 그는 산중에 머무는 동안 악마의 어머니가 이끄는 마귀들인 검은 새 떼의 공격을 받게 된다. 성 패트릭은 그가 항상 지니고 다녔던 종(아래 사진)을 새 떼를 향해 흔들었으나 그것들을 쫓아내지는 못했다. 그는 결국 종을 새 떼를 향해 던졌다. 새 한 마리가 종에 맞자, 종이 은에서 쇠로 변해버렸다.

성 패트릭은 악마의 어머니와 더그 호(붉은 호수)에서 또다시 싸워, 그녀를 죽이고 호수를 붉게 물들였다. 그러나 오늘날의 순례자들이 더그 호를 찾는 이유는 그곳에 있는 또 다른 볼거리인 어떤 동굴 때문이다. 그 동굴은 성 패트릭의 연옥(아래 판화)으로 알려져 있으며, 호수 속의 섬에 있다. 그곳에서는 지옥의 고통을 직접 목격할 수가 있어서, 그 광경을 본 모든 사람들은 개종을 했다고 한다.

왼쪽 판화는 성 패트릭이 그리스도가 자신에게 계시해준 구덩이를 가리키는 모습이다. 이 구덩이에서는 한 사람이 천국과 지옥을 동시에 경험하여 모든 죄를 영원히 씻을 수 있었다고 한다. 오른쪽은 후일 한 순례자가 성직자들이 지켜보는 가운데 속죄를 위해 그 구덩이에 들어가고 있는 모습이다.

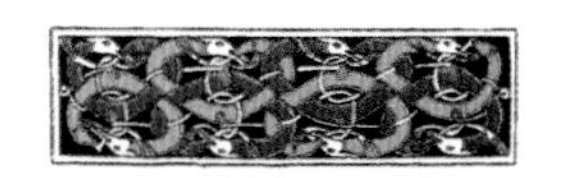

2 :: 전원생활의 운율

리브론이 3월 말의 어느 날 아침에 잠에서 깨어 가장 먼저 느낀 것은 주위가 조용하다는 점이었다. 가족들은 여전히 잠들어 있었다. 그러나 리브론이 감지한 것은 이와는 다른 침묵이었다. 그는 머리 위의 어둠을 응시하며 지붕의 두꺼운 이엉을 후두둑 때리던 독특한 소리가 사라졌음을 알 수 있었다. 드디어 비가 멈춘 것이다. 그는 식구들이 깨지 않게 조심하며 짚으로 만든 침상에서 일어나 조용히 밖으로 나왔다. 동쪽 지평선에는 서서히 미명이 끝나가고 있었다. 그는 밝아오는 동쪽 지평선으로 향했다.

얼마 걷지 않아 리브론은 자신의 가족 소유 라트의 바깥쪽 경계에 이르렀다. 라트란 울타리를 친 원형의 요새로서, 그의 집이기도 했다. 직경이 약 30m 정도였던 리브론의 라트 경계는 흙으로 만든 제방과 도랑으로 표시했다. 이로써 밤중에 라트의 울타리 내에 가두어둔 소와 돼지, 양들을 노리는 늑대나 도둑들로부터 가축을 어느 정도 보호할 수 있었다. 그는 잠시 멈춰 가축들을 확인한 후 제방의 가장 높은 곳으로 올라갔다.

리브론의 외모나 옷차림은 대부분의 아일랜드 남성들과 비슷했다. 리브론은 턱수염을 기른 건장해 보이는 남성으로서, 그의 붉은빛 도는 금발은 양

말쑥하게 옷을 차려입은 아일랜드 남성들은 다양한 헤어스타일을 선택할 수 있었으나, 수염은 각자의 사회적 신분에 따라 결정되었다. 부자들은 말끔하게 면도를 하거나, 〈켈스의 서〉에 등장하는 사람들(왼쪽 그림)처럼 턱수염과 콧수염을 길렀다. 반면 병사들과 가난한 사람들은 콧수염만을 길게 길렀다.

어깨까지 내려왔다. 그는 평상복 차림을 하고 있었다. 즉, 무릎까지 내려오는 아마포로 만든 튜닉에, 허리에는 가죽 끈을 동여매었던 것이다. 그 위에 아직 여전한 겨울 추위를 피하기 위해 양털로 만든 망토를 겹겹이 껴입고 있었으며 가슴 부위를 핀으로 고정시켰다. 중세 초기 아일랜드 인들의 복장은 대략 이와 같았으며(여성도 비슷했다), 아마도 리브론은 이 옷들을 얼마간 빨지도 않은 채 계속 입었을 것이다.

리브론은 여명의 아일랜드 전원풍경을 바라보며 코노트의 외딴 지역에 자리잡은 자신의 세계를 이루고 있는 모든 것들을 훑어볼 수 있었다. 발 밑에서는 울타리를 한 작은 밭들이 부드러운 봄바람에 건조되며 쟁기질을 기다리고 있었는데, 여기에서 곡식과 푸른 채소를 재배할 것이다. 저 멀리에는 숲과 방목지가 어우러져 지평선까지 펼쳐져 있었으며, 지평선 너머에는 낮은 산과 넓은 습지, 울창한 숲이 조화를 이루고 있었다. 또한 땅은 1년 내내 푸르름을 유지했는데, 그것은 따뜻한 멕시코 만류와 연간 1,300mm에 이르는 강우량 덕분으로서, 봄철을 제외하고는 거의 매일 비가 오다시피 했다.

그러나 리브론은 이제 비가 그쳐버린 사실을 떠올렸다. 소금에 절인 돼지고기와 죽을 먹는 배고픈 겨울철이 끝난 것이다. 지난 두 달 동안 가축들은 새끼를 쳤으며, 암소들은 우유를 생산하여 이제 버터와 치즈를 만들 수 있게 되었는데, 농부들은 버터와 치즈를 '여름 식량'이라고 불렀다.

그렇다. 이제 다시 농번기가 시작되어 리브론이 하루 종일 농사일을 해야 하는 시기가 된 것이다. 곧 그는 라트의 복판에 있는 자신의 집으로 되돌아가려 했다. 리브론의 집은 직경이 6m 정도 되는 조그마한 원형으로서 기둥과 욋가지, 초벽이 집을 이루고 있었다. 어쨌든 잘 익은 밀 빛깔의 지붕 밑에서 리브론은 부모와 형제자매들과 함께 살았으며, 이제 그들 모두는 활력을

대부분의 농부들이 울타리를 두른 원형의 작은 요새인 라트에서 살았으나,
일부는 크래너그로 불린 사진의 것과 같은 요새화된 인공 섬을 만들었다.

되찾고 바쁜 일상을 보내게 될 것이다.

리브론의 것과 같은 수천 개의 작은 세계들이, 아일랜드의 8만 5,000km²에 이르는 신록의 풍경을 덮고 있었다. 리브론이 살았던 6세기 후반의 아일랜드는, 원형의 울타리 요새를 중심으로 하는 농장들로 구성되었으며, 농장들 대부분은 리브론 가족의 농장보다 수확량이 더 많았으나, 기본적인 성격은 엇비슷했다. 그나마 도회지와 유사했던 유일한 주거지는 수도원들 부근에서 성장하기 시작한 작은 공동체들이었다. 도로 사정이 좋지 않고 육로를 통한 여행이 어려웠으므로, 사람들은 자신들의 농장에서 멀리 떨어진 지역으로 가는 경우가 거의 없었다.

그러나 고립되었다고는 하지만 이처럼 산재된 농장 주민들은 잘 짜여지고 엄격하게 계층화된 사회에 묶여 있었는데, 그들을 결속시키는 힘은 혈연관계와 강력한 인간관계였다. 이러한 관계들을 규정하고 질서를 유지하며 용인되는 행동의 모범을 제시했던 것은 권력보다는 전통과 관습이었다. 또한 일상생활을 규제했던 것은 무척 상세한 권리와 의무의 조항들로서, 이것들은 구전되다가 법률학자들(그들 중 상당수가 수도사였다)이 편찬한 여러 권의 법률 소책자로 성문화되었다.

리브론의 아버지는 오구루(ócaire), 즉 소농이었다. 법전에 따르면, 토지 약 5,000평, 암소 일곱 마리, 황소 한 마리, 돼지와 양이 각각 일곱 마리, 말 한 필의 재산을 소유하고 있으면 오구루에 해당했다. 리브론과 그의 형제들은 법적으로는 '아버지가 살아 있는 아들들'이라는 범주에 속했다. 아버지가 사망하여 토지를 상속받을 때까지 그들은 피부양자들로 간주되어 아버지의 권위에 복종해야 했다.

리브론과 그의 부모 및 형제자매들로 구성된 핵가족은 파인(fine)이라는 더 큰 혈연집단의 일부였다. 파인은 4대에 걸친 부계 일가를 의미했으며, 일반적으로 같은 증조부를 모시는 모든 남성 후손들을 포함했다. 파인은 아일랜드 경제에서 기본적인 토지 소유 단위였다. 예를 들어, 리브론의 집 근방의 토지는 파인이 소유하고 관리했는데, 파인은 토지의 일부를 매매하는 것과 같은 문제들을 결정해야 했다. 파인은 또한 압력단체로서의 역할도 담당하여, 그 구성원들이 법적 의무사항을 이행하도록 했다.

상속과 관련된 조항은 아버지가 사망하는 즉시 그 토지는 아들들에게 상속된다고 규정했다. 공평한 상속을 보장하기 위해 대개는 막내아들이 토지를 나누면 장남을 필두로 형들이 각자의 몫을 선택했다. 막내아들에게는 사실상 선택권이 없었으므로, 그는 토지를 최대한 균등하게 나누려 했던 것이다.

3월의 어느 날 아침 가족과 함께 살고 있던 라트의 경계에 선 리브론은, 자신과 자신의 형제들이 언젠가는 땅을 상속받겠지만 현재로서는 형제들이 힘을 모아 아버지를 도와야 한다는 점을 알고 있었다. 크든 작든 아일랜드 농촌지역의 다른 모든 사람들과 마찬가지로, 그들의 일상은 계절의 주기에 따라 순환했다. 되돌아보면 작년은 정말 힘든 한 해였다.

리브론과 그의 가족에게 지난 3월 해동과 더불어 땅이 충분히 건조해지자 계절의 순환이 시작되었다. 대부분의 오구루들과 마찬가지로 그의 아버지 역시 몇몇 소규모의 경작지를 가꾸어왔는데, 각 경작지는 돌을 쌓아 담을 만들거나, 섞어 짠 나뭇가지로 연결된 기둥들을 세우고 위에는 가시 달린 관목으로 담을 만들어 가축들이 접근하지 못하도록 했다. 가을이 되어 식물의 생장기가 끝나면 다음해를 위한 준비를 했는데, 경작지에 소들을 내보내 수확한 작물의 그루터기를 뜯어먹게 하여 거름이 골고루 퍼지게 했다. 그밖에 해초나 숲에 불을 놓아 그 재를 이용하거나, 새 경작지의 경우에는 땅을 덮고 있는 잔디를 태움으로써 토양을 보다 비옥하게 할 수 있었다.

경작은 모든 사람의 힘을 필요로 했다. 리브론의 아버지는 스스로 경작 장

비(경작에 필요한 황소 네 마리)를 유지할 여력이 없었으므로, 이웃한 세 일가와 자원을 공유했다. 쟁기는 네 농가의 공동 소유로서, 쇠 굴레를 끼운 보습 앞에 철제 날(칼)을 수직으로 장착한 비교적 최신의 것이었다. 철제 보습 날은 구식의 가벼운 쟁기보다 밭고랑을 훨씬 더 깊게 팔 수 있었다.

쟁기의 철제 부품들은 지역의 대장장이들이 만들었는데, 대장장이는 아일랜드 사회에서 중요한 인물이었으며, 종종 초자연적인 힘을 지닌 것으로 간주되기도 했다. 어느 법전에 따르면, '대장장이의 거푸집'은 '세계를 바꾼 3가지 것들' 가운데 하나인데, 나머지 2개는 '여성의 자궁'과 '암소의 젖통'이라고 한다.

쟁기질로 밭고랑을 깊게 파고, 가시나무 덤불로 써레질을 하여 큰 흙덩이를 잘게 만든 후에 씨를 뿌렸다. 리브론의 가족은 경작지에서 곡물은 주로 보리를 재배했고, 귀리와 호밀도 재배했다. 또한 채소도 다양하게 재배했다. 이들은 양파와 완두콩, 강낭콩, 양배추, 방풍나물,

아래의 청동 솥과, 위의 물새로 장식된 고기 갈퀴는 BC 8세기에서 7세기 초의 것이다. 중세에 이르러 아일랜드의 모든 농가에서는 솥과 쇠꼬챙이를 소유하게 되었을 것이다. 이것들로 쇠고기, 돼지고기, 양고기 등을 요리할 수 있었다.

당근 등의 채소를 재배했을 것이다.

아일랜드 사람들이 농작물을 무척 소중하게 여기긴 했으나, 리브론의 가족과 아일랜드 경제를 지탱시킨 것은 다름아닌 소였다. 소를 통해 고기와 우유, 버터, 치즈뿐만 아니라 신발, 마구, 물통, 배 등을 만드는 데 이용하는 여러 가지 가죽을 얻을 수 있었다. 또한 수도사들은 송아지 가죽을 이용해 전설이나 일상생활을 지배했던 법전들뿐만 아니라 성경을 필사하기도 했다. 소는 경제에 실로 핵심적인 부분이어서, 화폐가 없을 때에는 가치의 척도로서 이용되기도 했다. 1샤데는 젖소 반 마리의 가치와 맞먹었다. 귀족 젊은이들 사이에 성행했던 성인식을 보더라도 소의 중요성을 확인할 수 있는데, 그들은 전통에 따라 소를 훔치는 기술로써 남자다움을 과시해야 했다. 이처럼 소를 훔치는 행위는 아일랜드 문학에 있어서 하나의 완전한 장르, 즉 토인(táin, 소도둑)이라는 장르를 탄생시켰다.

리브론과 그의 가족은 아일랜드 여름의 시작을 공식적으로 축하하는 벨테인 축제(5월 1일) 직후에 소와 양들을 산에 있는 여름 공동목장으로 옮겼다. 이것을 불리잉(booleying)이라고 했으며, 이를 통해서 새롭게 풀이 돋는 목초지로부터 가축들을 떼어놓고 고지대의 풀을 뜯어먹게 했는데, 그러는 동안 집 부근의 목초지들은 복구되어 겨울에 가축들에게 풀을 공급할 수 있었다. 가축을 멀리 떨어진 목초지로 옮김에 있어서 만약 부득이하게 이웃의 땅을

수차례에 걸친 켈트 족의 유럽에서 아일랜드로의 이주, 연속적인 부족간 전쟁과 유랑, 바이킹과 앵글로-노르만의 침략 이후에, 14세기경에는 아일랜드의 명가들이 위의 지도와 같이 뿌리 내리고 있었다.

| 이름의 유래 |

구전에 의하면, 켈트 족이 유럽 대륙으로부터 아일랜드를 침략하자 아일랜드의 아이류 여신은 즉시 새로 건너온 켈트 족을 축복하면서, "이 섬은 영원히 너희 것이 되리라. 또한 세상의 동쪽에는 이보다 나은 섬이 없으리라"고 말한 것으로 전해진다. 이에 대한 보답으로 켈트 족은 그 섬에 아이류 여신의 이름을 붙여서, 그 섬은 아이류, 에이레가 되었고 결국에는 아일랜드가 되었다. 마찬가지로 아일랜드의 인명과 지명은 원주민 켈트 족의 구전에서 생겨난 경우도 있었고, 아일랜드로 새로 건너온 자들-기독교도, 바이킹, 앵글로-노르만 인들-의 영향으로 생겨난 경우도 있었다.

아일랜드에서 가장 오래된 지명들 중 상당수는 각 지역 풍경의 특색을 묘사하고 있는데, 드럼베그(Drumbeg)에서는 고원을 의미하는 드럼(drum)을, 녹나고니(Knock-nagoney)에서는 언덕을 뜻하는 녹(knock)을, 데리아기(Derryaghy)에서는 참나무를 뜻하는 데리(derry)와 같은 단

아레크의 그리아논으로 알려진 이 돌로 쌓은 요새는, 강력한 오닐 왕조의 북쪽 경계를 나타내주는 중심지였다. 이 요새는 현재의 런던데리 시 근방에 있는 두 계곡 사이에 위치한 언덕 정상에 자리잡고 있다. 많은 고대 아일랜드 지명과 마찬가지로, 그리아논은 서술어로서 '햇빛 찬란한 장소'를 뜻한다.

| 아일랜드의 성들과 그 기원 |

오늘날 가장 흔한 아일랜드 성들의 상당수는 고대 아일랜드 가문들에서 그 뿌리를 찾을 수 있으며,
켈트 족 아일랜드의 다양한 문화 및 종교적 요소들을 반영하고 있다.

영국식 성	아일랜드식 성	역사 / 유래
버크 (디버그)		가장 유력한 노르만 정착민들에 속했던 버크 가문 사람들은 노르만 기사였던 윌리엄 피츠 아뎀 드 버고의 후손들이었음.
클리어리 (오클리어리, 클라크)	오클레이리	가장 유서 깊은 유럽의 성으로서, '성직자' 나 '필경사' 를 의미하는 클레이레크에서 유래. 초기에 이 성을 썼던 자들은 아일랜드 역사 저술로 이름을 떨침.
데일리 (오데일리)	오돌리	'회의에 참석하는 자' 란 뜻인 달라크에서 유래. 이 성은 학자나 시인 가문에서 유래.
패럴 (오패럴)	페어율	'용맹한 자' 를 뜻하는 이름에서 유래.
피츠패트릭 (킬패트릭, 길패트릭)	맥 길라 포드리거	'패트릭 추종자의 아들' 에 해당하는 아일랜드 말을 노르만 말로 번역한 것.
플린 (오플린, 린)	오플린	'불그스레한' 을 의미하는 플란에서 유래했으며, 흔한 성이었음.
헤네시 (오헤네시)	오항거서	뉴그레인지에서 살았다고 전해지는 이교도 켈트 족의 신 앵거스(Angus 혹은 Óengus로 표기)에서 유래.
캐버너 (캐버노)	코엠	O나 Mac이 들어가지 않은 극소수의 아일랜드 성들 가운데 하나로서, '성 케빈의 추종자' 를 뜻함.
케네디 (오케네디)	오켄네이디	'추한 머리를 한' 혹은 '헝클어진 머리의' 란 뜻으로, 브라이언 보루 왕의 아버지에서 유래됨.
리어리 (오리어리)	오로이야루	'가축의 주인' 을 뜻하는 이름에서 유래했으며, 조상의 직업을 나타내주는 것이 확실함. 이 가문은 해상 세력이 됨.
맥브라이드 (킬브라이드, 길브라이드)	맥 길라 브리그더	'성 브리짓 추종자의 아들' 을 뜻하는 아일랜드 말. 이 성을 원래 썼던 사람들 중에는 성직자들이 많았음.
매카시	맥카르디	'사랑' 을 뜻하는 카타크에서 유래. 이 성은 오우낙트 부족의 족장 집안과 주로 관련이 있음.
맥루린 (맥로린)	맥로크란	'호수' 혹은 '피오르드' 를 뜻하는 로크에서 유래. 노르웨이나 때로는 스칸디나비아에서도 일반적으로 쓰이는 성. 12세기 오닐 가의 분파와도 연관됨.
매과이어 (맥과이어)	맥이디어	'갈색 머리의 아들' 을 뜻함. 뛰어난 군인과 교회 관계자들의 집안.
오브라이언 (브라이언)	오브리언	'탁월한' 을 뜻하는 아일랜드 말에서 유래했을 것으로 추정됨. 11세기와 12세기에 브라이언 보루 왕의 후손임을 나타내기 위해 사용.
오닐	오닐	'맹렬한' 을 의미하는 니올이라는 이름에서 유래. 오닐 왕조는 노르만 이전 시기의 아일랜드를 통틀어 가장 중요한 왕조였음.
오툴 (툴)	오투어툴	'백성의 지배자' 를 뜻하는 이름에서 유래.
퀸 (오퀸)	오코인	아일랜드에서 가장 흔한 20개 성들 중 하나. '족장' 이나 '지배자' 를 뜻하는 이름에서 유래.
스콧		'아일랜드 사람' 을 뜻하는 라틴 어 스코투스에서 유래.
워드	맥언와드	'음유시인이나 시인의 아들' 을 뜻하는 이 성은 아일랜드 전역에서 흔히 발견됨.

어들을 섞어서 사용하고 있다. 후에는 인공구조물에 해당하는 단어들도 더해졌는데, 예를 들어 라스쿨(Rathcoole)에서는 요새를 의미하는 라트(rath)가, 밸리마카렛(Ballymacarrett)에서는 농장을 뜻하는 밸리(bally)가 사용되었다. 또한 부족명이나 걸출한 인명을 이용하여 특정 지역을 나타내기도 했다. 그러나 기독교만큼 지명의 발전에 영향을 준 것도 없었다. 산과 섬, 그리고 샘은 지역의 성인 이름에서 따온 것이 많은데, 킬리레이(Killyleagh)의 킬(kill)과 도나가디(Donaghadee)의 도나(donagh)는 아일랜드 어로 '교회'를 뜻하는 말에서 비롯되었다.

기독교는 또한 많은 새로운 아일랜드식 인명을 낳았다. 예를 들어, 접두어 질(Gil)은 '추종자'나 '하인'을 의미하는 아일랜드 어 질라(gilla)를 영어식으로 표기한 것이다. 그러므로 맥길리커디(MacGillycuddy)는 '성 모쿠다(Saint Mochuda) 추종자의 아들'로 번역된다. 또 흔했던 것이 '대머리'를 의미하는 아일랜드 어 마일(máel)에서 온 뮬(Mul)이었는데, 수도사로서의 수련을 시사하는 말이다. 따라서 뮬리건(Mulligan)이나 몰로니(Moloney)는 아마 '교회 시종'의 자손들이었을 것이다.

신체적 특성에서 유래한 이름들도 있다. 플란(Flann)이라는 흔한 이름은 '불그스레한'이란 뜻이며, 핀(Finn)은 '금발'을, 캐시디(Cassidy)는 '곱슬머리'를 의미한다. 개인적 특성이나 생업에 대한 암시도 종종 등장하는데, 코놀(Conall)은 '늑대처럼 강한'으로, 머피(Murphy)는 '바다의 전사'로 번역된다.

아일랜드 인들은 아버지의 이름(혹은 어머니의 이름)에 '~의 아들'을 뜻하는 접두어 맥(Mac)을 붙여 성을 만들었다. 그러나 그런 식의 성은 대물림되지는 않았고 한 세대만 썼다. 예를 들어, 콘초바 맥 닐(Conchobar Mac Néill)은 니올(Níall)의 아들 콘초바(혹은 코노)가 되며, 그의 아들 이름이 디어마이트(Diarmait)라고 하면 그는 디어마이트(혹은 더못) 맥 콘초베어(Diarmait Mac Conchobair)가 된다. 그러나 부족간의 경쟁이 심했던 지역에서는 고정된 성을 사용하는 것이 정치적으로 필수적인 것이 되어, 11세기경에는 아일랜드의 가문들이 세습되는 성을 채용하기 시작했다. 그들은 유명했던 조상의 이름을 대대로 쓰거나 거기에다 1~2개의 접두어를 붙임으로써 성을 만들었다. 그들이 사용한 접두어는 맥(Mac) 또는 오(O)로서, 오(O)는 '~의 손자'를 뜻한다.

바이킹과 노르만 침략자들이 정착해 아일랜드식 성을 채용함에 따라, 맥(Mac)은 매그너스(Magnus) 같은 노르만식 이름과 합쳐져서 '마그너스의 아들'을 뜻하는 맥마너스(MacManus) 같은 아일랜드식 이름이 만들어졌다. 불어로 아들에 해당하는 단어인 필스(fils)가 변형된 피츠(Fitz)는 노르만식의 맥(Mac)이 되어버렸다. 실로 뚜렷하게 아일랜드적인 것으로 보이는 많은 이름들이 노르망디나 프랑스의 여타 지역들에 그 기원을 두고 있다. 그러한 이름들에는 '가난한 자'를 의미하는 르 포브르(le povre)에서 온 파워(Power), 브르타뉴 지역의 레옹(Leon)에서 유래한 드레온(de Leon) 혹은 딜런(Dillon), 그리고 원래는 드 라 로슈(de la Roche)였던 로슈(Roche) 등이 있다.

아일랜드의 이름들은 아일랜드의 역사를 반영한다. 아일랜드 이름과 아일랜드 역사는 수천 년에 걸쳐 아일랜드로 밀려들어왔던 이민족들과 외세의 결과물이라 할 수 있다. 이들은 기존의 것들을 변화시켰으며, 또한 그것들은 그후 아일랜드에 들어온 세력들의 영향을 받게 된다.

가로질러야 한다면, 법은 다음과 같은 조건 하에서만 그것을 허용했다. 즉, 땅을 가로질러갈 때에는 가축 소유주의 일가 남자 3명과 땅주인의 일가 남자 3명이 적절히 지켜보며 감독해야 했다.

수도사들이 편찬한 법전에는 모든 종류의 불법 침해에 대한 배상을 매우 상세하게 규정해놓고 있다. 심지어 가을철에 사과가 떨어질 경우의 조항도 있다. 만약 사과가 이웃 소유의 땅으로 떨어지면, 사과주인과 땅주인은 3년 동안은 떨어진 사과를 공유하게 된다. 4년째가 되어야만 사과주인에게 모든 사과를 가져갈 권리가 주어졌다.

리브론의 가족이 5월에 산 속의 목초지로 데리고 갔던 소들은 이웃 친척들의 소들과 합류했다. 쟁기질과 마찬가지로 불리잉은 협력이 필요했다. 혈연집단, 즉 파인은 공동의 여름목장을 이용했으며, 파인에 속한 여성과 아이들 몇몇은 여름목장에서 여름을 보내면서, 뒤섞여 있는 가축 떼를 육식동물들의 공격으로부터 지켰다. 소들은 여름목장에서의 처음 석 달 동안은 우유를 무척 많이 생산했는데, 한 마리가 하루 최고 11리터의 우유를 생산하기도 했다. 이 기간 동안 여성들은 여름

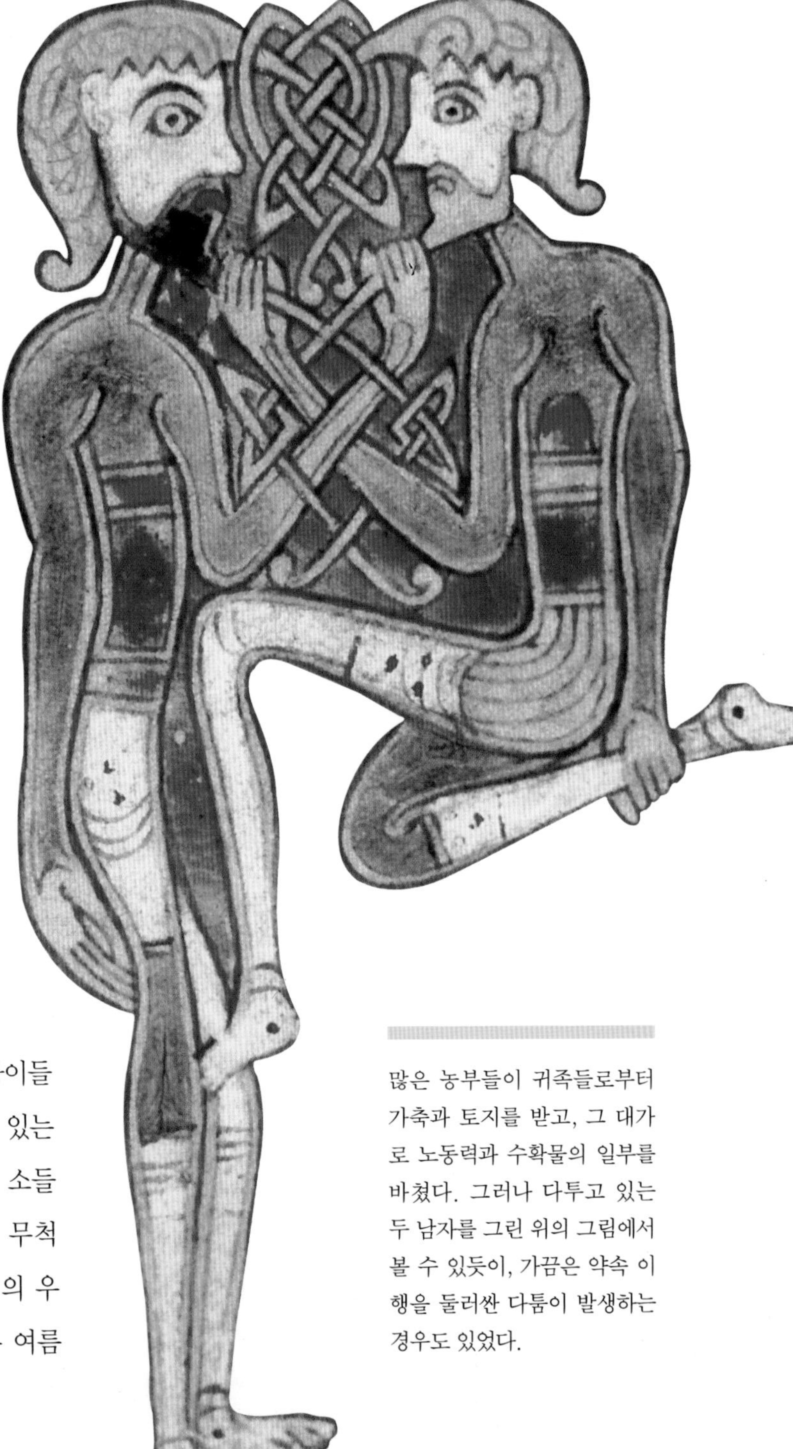

많은 농부들이 귀족들로부터 가축과 토지를 받고, 그 대가로 노동력과 수확물의 일부를 바쳤다. 그러나 다투고 있는 두 남자를 그린 위의 그림에서 볼 수 있듯이, 가끔은 약속 이행을 둘러싼 다툼이 발생하는 경우도 있었다.

목장으로 가서 우유를 짜고, 버터와 각종 치즈를 만들었을 것이다.

한편, 남자들은 농작물을 재배하고 추수하는 일을 담당했다. 추수철은 큰 걱정이 앞서는 시기였다. 아일랜드를 사실상 1년 내내 녹색의 풀이 무성한 섬으로 만들어주는 것은 비였으나, 또한 비로 인해 추수가 늦어지기도 하여 농작물을 망쳐놓을 염려가 항상 있었던 것이다. 리브론과 그의 형제들은 낫을 이용하여(더 길고 효율적이었던 큰 낫은 이 당시에는 아일랜드에 아직 도입되지 않았다) 곡식의 이삭 바로 밑까지 베어내고, 줄기는 후에 가축들이 먹을 수 있도록 남겨두었을 것이다. 그러나 8월부터 10월까지는 습기가 많아서 탈곡하여 제분하기 전에 우선 가마에서 건조시켜 딱딱하게 만들어야 했다. 아마도 몇몇 친척들과 공동으로 가마를 소유했을 것이고, 그 가마는 흙이나 돌로 층을 만든 구덩이로 되어 있었을 것이며, 토탄으로 불을 지폈을 것이다. 규모가 작은 농가에서는 공동으로 사용하는 헛간이나 나뭇가지와 밀짚, 밧줄 등으로 만든 임시 구조물에 수확물을 저장했을 것이다.

소 떼는 10월 말경에 여름목장에서 돌아와 근처의 들판에서 겨울을 났다. 목초가 1년 내내 자라고 가끔 내리는 눈도 금방 녹아버리므로 아일랜드 농부들은 겨울 동안 소들을 먹일 풀을 따로 저장할 필요가 없었다. 그러나 여름철에 비해 드문드문 나 있는 겨울 목초를 뜯어먹을 소의 입을 줄이기 위해, 리브론의 가족은 번식을 할 수 없는 늙은 암소들과 수소들을 도살했다. 그런 다음 겨울을 나기 위해 그들은 그 고기를 소금에 절이거나 말려서 보관했으며, 이를 위해서는 시장에서 구입한 소금이나, 바닷물을 끓이거나 해초를 태워서 얻은 소금을 이용했을 것이다. 또한 날씨가 추워짐에 따라 사람들이 먹다 버린 것과 근처의 숲에서 나는 도토리나 너도밤나무 열매, 밤 등을 먹고 살이 찐 돼지들을 도살하여 소금에 절이거나, 소시지나 훈제 베이컨을 만들었을 것이다.

이 모든 고기, 즉 '겨울 식량'은 그로부터 몇 달간 아주 유용하게 쓰였다.

겨울의 시작을 알리는 11월 1일의 삼하인 축제 이후, 리브론의 가족들은 대부분의 시간을 집에서 보내며, 영주와 그 종자들을 위해 매년 베풀어야 하는 연회를 준비했다.

리브론의 아버지와 같은 소농들의 삶에 있어서 영주라는 인물의 비중은 무척 큰 것이었다. 고지대 방목장으로 몰고갔던 소들의 상당수는 리브론의 가족이 예속관계로 알려진 일종의 계약하에 영주에게 빌린 것이었다. 예속관계는 아일랜드 사회의 근간을 이루었다. 사실 이 제도는 매우 본질적인 것이어서, 대부분의 다른 계약들이 당사자들이 술을 너무 많이 마신 상태에서 체결할 경우에는 무효로 간주되었음에 비해, 영주와 예속농민 간의 계약의 경우에는 엄청나게 많은 맥주를 마심으로써 대개는 계약이 성사되었다.

음주는 옛 아일랜드에 있어서 중요한 사회활동의 수단이었으며, 남자는 맥주 주량으로 그 능력이 평가되었다. 아래 사진에 나오는 것과 같은 나무잔을 친구들 사이로 돌렸을 것이며, 각자 자신들만의 모서리 부분으로 맥주를 마셨을 것이다.

예속농민들은 노동력과 군역을 제공하여 영주에게 교부받은 가축(혹은 토지)을 변제했으며, 이와 더불어 연간 약정된 양의 빵, 맥주, 꿀, 베이컨 및 기타 식량을 바쳤다. 예속농민들은 또한 의무적으로 겨울철에 하룻밤, 영주와 그의 측근들을 모셔야 했다.

다시 한번 강조하지만, 아일랜드의 법전은 이러한 의무조항의 범위를 상세하게 규정하고 있다. 예를 들어, 가장 낮은 서열의 영주가 자신과 최대 4명까지의 손님들이 하룻밤 대접을 받을 수 있었다면, 가장 높은 서열의 영주는 12명분의 음식과 술을 대접받을 수 있었다. 또한 법전은 음식의 종류와 그 접대 대상에 대해서도 '왕 및 주교, 학식을 갖춘 연장자에게는 엉덩이살, 젊은 족장에게는 다리' 등과 같은 식으로 규정했다.

영주가 방문을 하는 시기에는 무척 긴장을 했다. 일족집단

내에서의 한 가족의 위신과 위상은 손님들을 얼마나 적절히 대접했는지의 여부에 좌우되었다. 방문 중인 영주는 음식에서 '쓴 맛이 나거나 구역질이 난다'고 판단되면, 음식을 거부할 수 있었다. 또한 집주인의 부주의한 행위에 대해서는 벌금을 물릴 수도 있었는데, 영주가 이미 잠자리에 든 이후에 촛불을 켜는 것이 이에 해당했다. 결국 촛불 때문에 영주가 살해당할 뻔했다고 생각할 수도 있기 때문이라고 어떤 책에서는 설명하고 있다.

일단 집주인으로서의 의무를 이행하고 나면 리브론의 가족은 대부분의 다른 가족들과 마찬가지로 한 해의 일을 마무리하게 된다. 겨울 동안 아일랜드인들은 주로 집 안에 머물며, 이웃과의 계약을 마무리한다든지 이웃들과 더불어 혼인 준비를 한다든지 했다. 겨울철은 휴식과 사교를 위한 시기로서, 사람들은 가축새끼의 탄생, 암소의 착유, 봄철 쟁기질의 시작 및 '여름 식량'의 전망 등과 같은 1년의 순환에 있어 더욱 희망적인 부분들을 다시 한번 기대할 수 있었다.

리브론은 자신이 알고 지내는 다른 젊은이들과 마찬가지로 아일랜드의 계절 주기에 따라 살아갈 운명인 듯했다. 그러나 아버지에게서 자신의 몫을 상속받아 소농으로서 자립하기도 전에 그에게 비극이 닥쳐왔다. 아일랜드 법은 폭력을 억제하기 위한 수많은 규칙과 규정을 담고 있는데, 이것을 어기고 그가 사람을 죽였던 것이다. 아마도 리브론과 그에게 살해당한 자는 연회에서 술을 마시며, 각자의 가문의 위상에 대해 언쟁을 벌였거나, 젊은 여성을 두고 다투었을지도 모른다. 정확한 정황은 알 수가 없다. 범죄는 그의 고향인 코노트에서 발생했으나, 그 정황들은 리브론의 이야기를 자신의 책에 쓴 대수도원장 아돔난의 설명을 참고할 수밖에 없는 것이다.

그후에 발생한 일은 옛 아일랜드의 독특한 법체계를 잘 보여주고 있다. 다른 범죄자들과 마찬가지로 리브론은 붙잡혀 족쇄가 채워졌다. 그러나 그런 일을 한 것은 공공의 안녕을 담당하는 관리가 아닌 피해자의 혈족들이었다. 파인과 같은 친족집단은 피해를 당한 구성원을 위해 정의를 실현하는 데 적극적인 역할을 담당했던 것이다. 그들은 리브론이나 그의 친족들이 배상금을 지불할 때까지 리브론을 죄수로서 억류할 수 있는 법적 권리를 지녔다. 만약 배상금을 지불하지 않으면 그들은 리브론을 노예로 팔거나 심지어 처형할 수도 있었다.

옛 아일랜드에서는 현재 우리가 알고 있는 형태의 형법은 존재하지 않았다. 모든 죄는 그 경중에 관계없이 민사 범죄로 간주되어, 피해자에게 법에서 정한 배상금을 지급함으로써 구제 가능했다. 살인사건의 경우, 배상금은 피해자의 친척들에게 지불해야 했다. 살인에 대한 배상은 2가지 유형으로 이루어졌다. 즉, 피해자의 '몸값' 을 암소 약 21마리로 쳤고, 이에 더해 '이름값' 도 지불해야 했는데, 이는 친족들의 신분과 그들의 피해자와의 관계에 따라 결정되었다. 따라서 살인에 대한 벌칙은 상당히 무거울 수 있었다. 또한 살인자 스스로 배상금을 지불할 능력이 없는 경우에는 그의 친족집단, 즉 파인이 그 부담을 떠안아야 했다.

리브론의 경우를 살펴보면,

계절의 순환

청동 혹은 나무로 만든 호른이 신화에 등장하는 황소들의 울음소리를 흉내내면서, 켈트 족 아일랜드의 대축제일을 알렸다. 11월 1일에 거행되었던 삼하인 축제는 소떼들의 여름목장으로부터의 귀환과 겨울 및 새해의 시작을 알리는 날이었다. 또한 결혼의 시기이기도 해서, 아홉 달 후 추수를 기념하는 루누사 축제 직후 신생아들이 많이 태어났다. 켈트 족의 신성한 축제는 2월 1일의 임볼크와 5월 1일의 벨테인으로 마무리되었다. 이들 축일은 각각 봄과 여름의 시작을 알렸다.

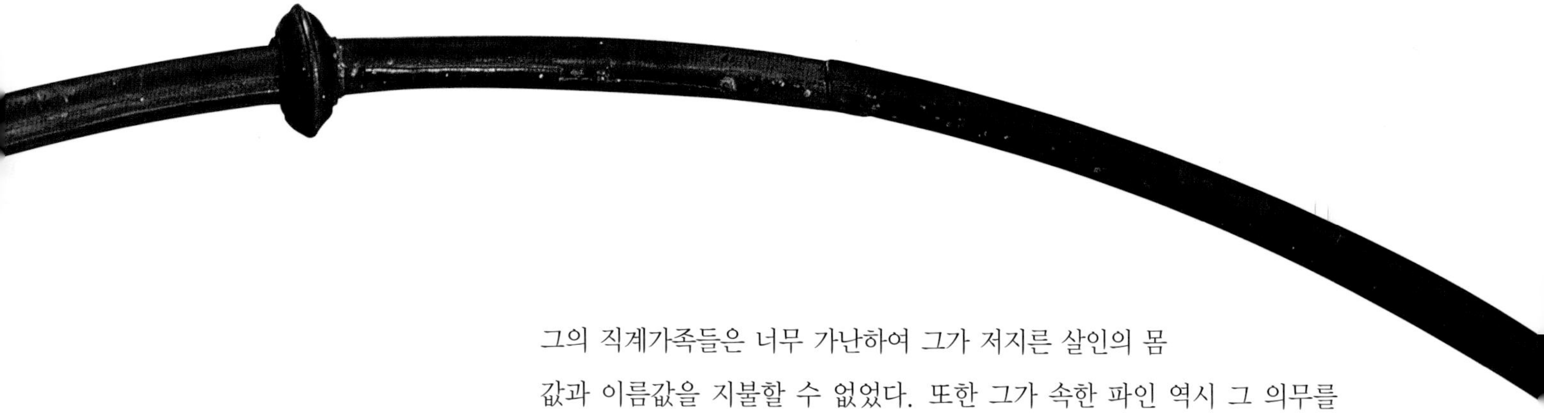

그의 직계가족들은 너무 가난하여 그가 저지른 살인의 몸
값과 이름값을 지불할 수 없었다. 또한 그가 속한 파인 역시 그 의무를 이행할 수 없었거나, 이행하려 하지 않았다. 리브론은 올가미에 목이 조이거나 노예로 팔려가는 환영에 시달리며 족쇄를 찬 채 괴로워했다. 그러던 중 마지막 순간에, 한 부유한 친척이 피해자 가족에게 돈을 모두 지불하겠다고 나섰다. 이로써 그 친척은 리브론의 목숨을 산 것이다. 그는 이제 말 그대로 리브론을 소유하게 되었으며, 리브론은 새로운 신분의 상징으로 노예들이 차는 허리띠를 매야 했다.

그러나 며칠이 지나지 않아 그는 스스로의 맹세를 어기고 자신의 몸값을 지불했던 친척의 집에서 도망쳤다. 그는 자신의 죄를 참회하려 마음먹고 바다 건너 스코틀랜드 이오나 섬의 콜룸바 대수도원장의 수도원으로 피신했다. 그는 이제 법을 피해 도망다니는 사람, 아일랜드의 법률 용어로는 도망자가 되어, 콜룸바와 같이 저명한 성직자라고 할지라도 그에게 합법적으로 은신처를 제공할 방법이 없었다. 그러나 콜룸바는 그를 돕고 싶었다. 우선 그는 수도원 생활의 힘든 점을 자세히 설명해줌으로써 리브론의 참회 정도를 시험했다. 리브론은 동요하지 않았다. “저는 원장님께서 시키시는 어떤 일도 할 각오가 되어 있습니다. 그 일이 아무리 고되고 천한 것이라도 상관없습니다”라고 그가 말했다. 그러자 콜룸바는 그에게 이오나 섬 서북쪽의 타이리 섬에 있는 수도원이자 ‘고해자의 집’이기도 했던 맥루인게에서 참회하며 7년을 보내라고 명했다.

리브론은 이러한 분부를 충실히 수행하여, 7년이 지난 후에야 이오나 섬으로 돌아왔다. 그리고 리브론은 자신을 구해주었던 친척을 주인으로 섬기겠다는 약속을 어긴 것이 마음에 걸린다고 콜룸바에게 말했다. 콜룸바는 리브론에게 고향으로 돌아가라고 일러주고는, 그에게 상아로 장식된 멋진 칼 한 자루를 주었다. 리브론은 이전 주인에게 그 칼을 자유의 대가로 바치려 했다.

리브론은 콜룸바로부터 축복을 받은 후 자신이 태어난 고향마을로 돌아갔다. 리브론이 그 칼을 자신을 구해주었던 친척에게 바치자, 그 친척은 리브론의 자유의 대가로 그 칼을 받으려 했으나, 그의 아내는 사양했다. "콜룸바 대수도원장님께서 주신 이 귀한 선물을 우리가 어떻게 받을 수 있겠느냐?" 그녀가 말했다. "이 충직한 하인을 콜룸바 님께 무조건 돌려보냅시다. 우리는 콜룸바 님의 축복으로 이보다 더 귀한 것을 얻게 될 것입니다." 이 현명한 조언을 유심히 듣고 있던 그의 남편은 손을 뻗어 리브론이 항상 매고 다녔던 노예를 상징하는 허리띠를 풀어주었다. 이로써 그는 리브론을 의무와 노예 신분에서 해방시켜주었다.

이로써 리브론은 큰 난관 하나를 극복했으나 또 다른 무거운 법적 의무에 여전히 직면해 있었다. 집을 비운 동안 그는 이른바 '의무를 다하지 못한 아들' 이 되어 있었다. 아일랜드 법에 의하면, 모든 아들은 늙은 부모를 봉양해야 할 책임이 있었다. 사실 아일랜드 법은 부모 봉양을 무척 중히 여겨서, 아들이 없는 자는 친족집단 외부에서 양자를 들여와 만년에 자신과 자신의 아내를 돌보게 할 수도 있었다. 따라서 형제들이, 리브론이 의무를 소홀히 했음을 상기시켜주었을 때에도 그는 놀라지 않았으며, 군말 없이 아버지와 어머니를 돌보는 데 힘을 보태겠노라고 했다.

그러나 그의 동생 가운데 하나가, 형이 '영혼의 구원을 위해 노력한' 점에 감명받아 대신 책임을 떠맡겠다고 나섰다. 동생이 이렇게 아량을 보여줌에 따라, 리브론은 자신을 코노트와 지난날의 생활양식에 얽어맸던 마지막 법적 속박에서 벗어날 수 있었다. 그는 가족들에게 작별을 고하고 북쪽에 있는 데리 항으로 가서, 다시 이오나 섬으로 향했다.

이것은 8세기 법전의 일부분으로서 여성의 권리를 다루고 있다. 초기 아일랜드에서 여성들의 권리는 남성들과의 관계에 의해 규정되었다. 행간의 작은 글자는, 수세기 후에 법률학자들이 주석을 달아놓은 것이다.

리브론은 수도원에 도착하여 콜룸바에게 그 귀중한 칼을 되돌려주었다. 그러자 콜룸바는 리브론에게 수도사의 선서를 시키고는, 그를 다시 참회의 시간을 보냈던 맥루인게로 보냈다. 거기에서 그는 수년간 수도사로서의 소박한 삶을 영위했다. 사람들은 그를 '갈대밭의 리브론' 이라고 했는데, 그가 맡은 일이 수도원의 이엉지붕에 사용될 갈대를 수집하는 것이었기 때문이다.

리브론의 삶을 기록한 아돔난은 "그는 나이가 들어서, 수도원의 일로 아일랜드로 파송되었다"라고 썼다. 그는 중부 아일랜드의 더로 수도원에 있는 순례자 숙소에서 융숭한 대접을 받았으나, 곧 병이 들었다. 1주일 후 리브론은 숨을 거두었다. 아돔난은 "거기에서 그는 성 콜룸바가 선택한 수도사들과 더불어 묻혔으며, 영생으로 부활할 것이다"라고 기록했다.

옛 아일랜드에서 소농의 아들로서 리브론이 성장했던 세계는 그에게 부여된 운명을 벗어날 수 있는 기회를 좀처럼 제공해주지 않았다. 아일랜드 여성들의 선택 폭은 더욱 좁았다. 예를 들어, 아일랜드 법상으로 여성은 법률적 무능력자로 간주되어, 그 법적 지위는 노예나 어린아이보다 약간 나은 수준에 불과했다. 사실상의 거의 모든 법률문제에 있어서 여성은 자신을 대리해 줄 남성이 필요했으며, 남성 보호자의 승낙이 없이는 증언이나 계약을 할 수가 없었다. 이러한 보호자의 존재는 여성의 일생 동안 여러 사람으로 바뀌었다. 초기의 법전에는 "여성이 혼전일 때는 아버지가, 결혼 후에는 남편이, 자녀가 있는 여성(미망인)일 경우에는 아들이 보호자가 된다"라고 규정하고 있다.

여성의 법적, 사회적 지위가 가장 열악했던 분야는 개인의 물질적 가치에 대한 주요 척도였던 이름값에서였다. 예를 들어, 14세의 소년은 이름값을 온전히 다 받을 수 있었던 데 비해, 소녀는 아버지 이름값의 절반만을 받을 수 있었고, 결혼하면 남편 이름값의 절반을 받을 수 있었다. 여성을 대상으로 하는 범죄조차 대개는 여성의 보호자에 대한 범죄로 간주되어, 가해자가 배상을 할 때는 해당 여성의 이름값이 아니라 그 보호자의 이름값을 지불해야 했다.

여성들에 대한 사회의 요구는 '결혼한 여성이 흘리는 3가지 방울', 즉 핏방울, 땀방울, 눈물방울이라는 유명한 경구로 요약되었다. 다시 말해, 젊은 여성은 결혼할 시점에서 처녀여야 했으며, 열심히 일해 남편과 아이들을 부양해야 했고, 가족을 위해 어떠한 고통도 감내해야 했다. 또한 여성은 '한결같은 말투, 변함없는 순결과 집안일 솜씨'를 지녀야 했다. 부지런하고, 덕이 있으며, 복종적인 여성관은 켈트 인들의 전설 속에 당당하게 등장했던 아일랜드의 여전사들과 다산의 여신들-이를테면, 창을 들고 있고, 난폭하며, 욕정에 사로잡혀 있는 전설 속의 코노트 여왕 메드브와 같은-의 이미지와는 극명한 대조를 이루었다.

7세기 아일랜드 여성의 삶에 더 가까이 다가가기 위해, 가공의 젊은 여성을 만들어 그녀를 클리우드누라 부르기로 하자. 또한 클리우드누와 그녀의 부모는 간절히 결혼을 원했고, 이제 그녀가 막 결혼하려는 시점이라고 가정

하도록 하자. 결혼으로 그녀의 취약한 법적 지위의 여러 측면들이 지속되리라는 점은 확실했다. 그녀의 남편이 그녀보다 법적으로나 사회적으로 우월한 위치를 점하도록 되어 있었다. 또한 클리우드누는 그녀가 속했던 대가족의 울타리를 벗어나 그녀 남편의 파인이라는 낯선 세계 속으로 들어가야 했다. 그러나 결혼으로 인해 그녀는 얼마간의 독립을 얻을 수 있을 것이며, 토지 소유권을 가질 수도 있고, 아일랜드 경제에서 자신의 위치를 확보하게 될 것이다. 하지만 그 무엇보다 결혼이라는 것은 남편 집안의 상속자를 낳음으로써 아일랜드 여성으로서의 의무를 이행함을 의미했다.

관례에 따라 클리우드누의 가족이 그녀를 결혼에 이르게 할 절차를 밟게 된다. 특정 남성에 대한 그녀의 감정을 고려할 수도 있겠지만, 결혼은 감정의 문제이기 이전에 경제적인 동반관계로 여겨졌다. 가족들은 적당한 사회신분에 속한다고 생각되는 신랑 후보들 중에서 신랑을 고르게 된다. 만약 그녀의 아버지가 보아루(bóaire), 즉 리브론의 아버지보다 토지를 약 2배 더 소유하고 있는,

실라나기그스(sheela-na-gigs)로 알려진 돌 부조 여성상들은 기독교 전래 이전 아일랜드의 다산 신앙과 관련이 있는 것으로 추정되나, 그 정확한 용도는 밝혀지지 않았다.

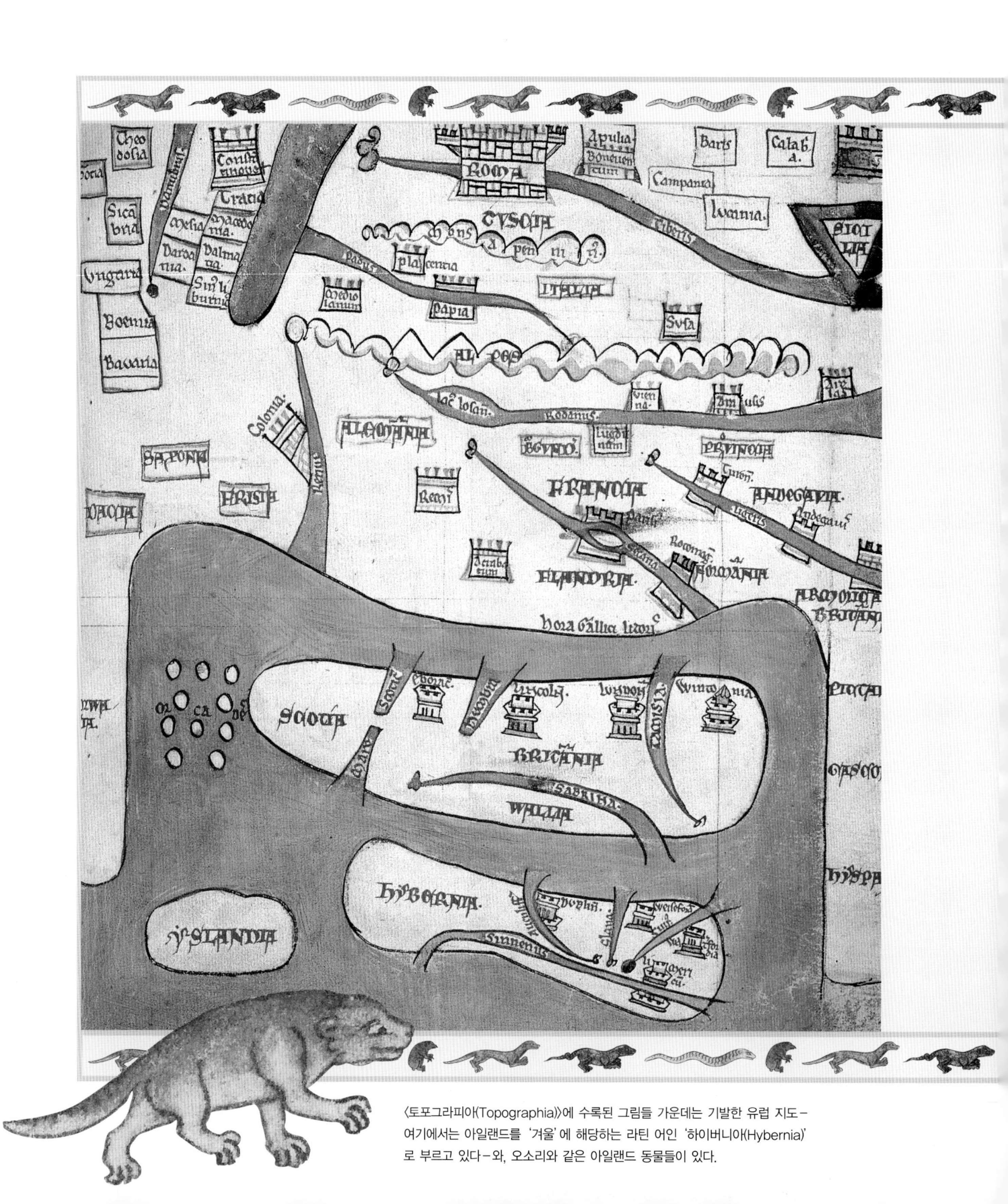

〈토포그라피아(Topographia)〉에 수록된 그림들 가운데는 기발한 유럽 지도–여기에서는 아일랜드를 '겨울'에 해당하는 라틴 어인 '하이버니아(Hybernia)'로 부르고 있다–와, 오소리와 같은 아일랜드 동물들이 있다.

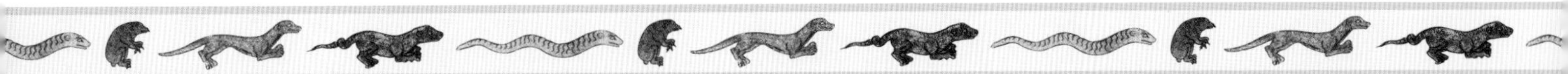

| 1189년 어느 여행자의 일기 |

외국에서 온 한 여행자는 12세기 말 아일랜드를 여행하며 만났던 사람들에 대해 그들은 '타락의 나락에서 허우적거리는 불결한 민족' 이었다고 단정지었다. 그 외국인은 기랄두스 캄브렌시스로서 웨일스의 제럴드로 더 잘 알려진 인물이며, 잉글랜드의 헨리 2세가 아일랜드와 그 주민에 관한 정보를 수집하기 위해 파송한 성직자이자 역사가였다. 그 활동의 결과물은 1189년에 〈토포그라피아 히버니에(Topographia Hiberniae)〉, 즉 〈아일랜드의 역사와 지리〉라는 책으로 출간되었다.

제럴드가 아일랜드를 얼마나 충분히 둘러보았는지에 대해서는 알려진 바가 없다. 그는 아마도 남부의 코크나 워터퍼드, 그리고 동부의 아클로, 위클로, 더블린 등과 같은 여러 항구도시들을 둘러보았을 것이다. 그는 또한 미스나 킬데어를 여행한 것으로 보이며, 아마도

〈토포그라피아〉의 '경이와 기적' 의 장에서, 제럴드는 왼쪽의 그림에서 검은 새를 손에 쥐고 있는 성 케빈의 이야기를 언급하고 있다. 전설에 의하면, 검은 새가 성 케빈이 내민 손에 앉아 알을 낳자, 성 케빈은 그 알이 부화될 때까지 손의 위치를 바꾸지 않았다고 한다.

서쪽으로는 섀넌 강까지도 갔을 것이다. 그러나 내륙지방에 대한 그의 서술은 대략적인 것에 불과하여, 그는 위험한 육로보다는 배를 이용해 여행했던 것으로 보인다.

제럴드의 여정이 어떠했든간에, 〈아일랜드의 역사와 지리〉는 여전히 오늘날의 우리가 옛 아일랜드에서의 삶, 즉 아일랜드 인들뿐만 아니라 아일랜드의 경치, 기후 및 야생동식물 등에 대해 알고 있는 대부분의 지식의 근거 자료가 되고 있다. 그러나 제럴드는 종종 잉글랜드에 유리하도록 서술을 왜곡했으며, 진실보다는 흥미로운 이야기에 더 비중을 두었음이 분명하다.

제럴드는 해괴한 것들과 환상적인 것들을, 그의 말을 빌

제럴드는 아일랜드 인들에게 찬사를 보낼 이유를 거의 찾지 못했으나, 그들의 악기 다루는 솜씨는 뛰어나다고 했다.

제럴드는 '마치 날이 없는 자루라도 되는 것처럼 손에 도끼를' 지니고 다니는 아일랜드의 풍습에 대해, '잘못하면 사람을 죽일 수도 있다' 고 우려를 표시했다.

리자면 '자연의 법칙에 반하며' '경탄할 만한' 구경거리들을 유심히 관찰했다. 예를 들어 그는 '턱수염이 있고, 등에 갈기가 난 여인' 이나 '반은 인간이요 반은 황소인 반인반수들' 에 대해 썼다. 그가 기술한 경이로운 동물들 중에는 '성직자와 이야기하는 늑대' '3개의 금이빨을 가진 물고기' '암소와 수사슴이 합쳐진 동물' 등이 있었다. 그가 보기에는 풍경까지도 기묘했다. 그는 '두 섬이 있는데, 그중 한 섬에서는 사람이 죽지 않는다' 라고 했으며, '배들을 삼켜버리는 바다의 소용돌이' 에 대해서도 언급했다.

그는 아마도 회의적인 반응을 예상해서인지 자신이 쓴 책을 옹호했다. "이 책에 기록한 모든 내용의 진실 여부는, 내 눈으로 확인했거나 믿을 만한 사람들의 증언을 바탕으로 한 것임을 엄숙히 맹세한다"라고 그는 썼다. 이 페이지와 앞 페이지들에 나오는 그림은 제럴드가 직접 그린 것이다. 이 그림들에서 그는 아일랜드에서 마주쳤던 경이로움의 일부와, 적어도 자신의 눈에 비친 아일랜드 인들의 생활상을 그리고 있다.

제럴드는 책에서 '그리스도에 대해 전혀 들어본 적이 없는' 오지 출신의 두 아일랜드 뱃사람에 대한 놀라움을 기록해놓고 있다.

문자 그대로 '강한 농부' 였다면, 자신의 딸이 다른 보아루의 아들과 결혼하기를 원했을 것이다. 또한 교회와 아일랜드 법에서는 근친혼을 탐탁지 않게 여겼으나, 그는 자신의 대가족 내에서, 아마도 먼 친척 중에서 신랑을 골라 모든 것을 자신이 속한 파인 내에 두려고 했을지도 모른다.

적당한 신랑을 고른 후, 클리우드누의 가족은 결혼의 형태를 결정하게 될 것이다. 아일랜드 법이 인정하는 9가지 형태의 결혼 가운데, 그녀의 가족은 이른바 공동재산 결혼을 원했는데, 이는 그것이 신부측에게 가장 명예롭고도 일반적으로 가장 유리한 결혼 형태였기 때문이다. 공동재산 결혼에서는 신랑 신부 양측이 혼수인 티뇰(tinól)을 절반씩 부담하여 가정을 꾸리게 된다. 티뇰은 양가에서 마련하는 것으로, 여기에는 남성들이 사용하는 일반적인 농기구들뿐만 아니라, 버터 교유기나 가재도구들도 포함되어 있었다. 이런 형태의 혼인을 하게 되면, 클리우드누는 법률 용어를 빌려 말하자면 '동등한 권리를 지닌 여성' 이 되는 것이다. 그녀는 필요에 따라 스스로 농장을 운영할 수 있었으며, 남편이 계약이나 기타 중요한 거래를 할 때는 반드시 그녀의 동의를 얻어야 했다.

결혼 계약의 세부 사항들은 신랑측 가족과의 협상으로 확정지었다. 그후에 신랑은 장인장모와 신부에게 예물을 선사하게 되는데, 클리우드누의 경우에는 아마도 암소 두 마리를 받았을 것이다. 예물은 증인들이 지켜보는 가운데 증정되었으며, 결혼 계약이 완전히 성사되었음을 증명하는 구실을 했다. 티뇰을 위한 물건들을 공동으로 마련하고 난 다음에는 사람들을 불러 결혼식과 피로연을 연다. 이로써 결혼의 전 과정이 마무리된다.

그러나 만약 클리우드누가 나중에 어쩔 수 없이 여러 부인들과 남편을 공유하게 되는 상황이 오더라도, 그것은 그리 놀랄 만한 일이 아니었다. 교회의 반대에도 불구하고 남성 한 사람이 여러 명의 여성들과 동시에 혼인관계를 맺는 것은 합법이었으며(여성의 경우에는 불가능했다), 그런 경우가 종종 있었다. 더군다나 결혼의 형태와는 무관하게 사내아이들은 남편 쪽의 파인에서 동등한 상속권을 누렸다.

한편 남편의 첫부인으로서 클리우드누는 본처로, 다른 부인들은 첩으로 간주된다. 첩들은 대개 본처가 누린 지위와 권리의 반만을 누릴 수 있었다. 본처가 첩을 육체적으로 공격하여 상처를 입혀도 별탈이 없었던 반면, 첩이 대응할 수 있는 범위는 할퀴기, 머리 잡아당기기, 욕하기 등에 국한되었다. 아마도 클리우드누의 남편은 그의 아내들을 위한 거처를 여러 곳에 두어야 했을 것이다. 그러나 본가는 본처의 차지였으며, 첩을 본가에 들이는 것은 이혼 사유에 해당했다.

이것은 아일랜드 법에서 인정했던 수많은 이혼 사유들 중 하나에 불과했다. 가부장적 사회가 으레 그렇듯이, 대부분의 이혼 사유는 남성에게 유리했다. 예를 들어, 부인이 바람을 피우거나, 유산을 하거나, 아이를 숨 막혀 죽게 하거나, 도둑질을 하거나, 남편의 명예를 더럽힐 경우 남편은 아내와 이혼할 수 있었다. 반면 아내의 경우에는, 남편이 아내에게 마법을 걸어 결혼을 했거나, 남편에게 구타를 당하여 그 상처가 영원히 남게 되거나, 남편이 지나치게 살이 찌면 이혼할 수 있었다. 또한 아내는 남편이 결혼생활의 은밀한 사항에 대해 사람들에게 너무 많은 말을 하면 이혼을 요구할 수 있었는데, '이는 남자가 부부의 잠자리에 대해 이야기하는 것은 온당치 않기 때문' 이었다. 그러나 만약 아내가 합법적인 이유 없이 남편을 떠나면 모든 지위와 권리가 박탈되었다.

보아루의 아내로서 클리우드누가 생활하게 될 구역은 주로 원형 요새로 그 경계가 구분되었다. 경계 내에 있는 농장에서 그녀는 소젖 짜는 일을 도왔으며, 버터와 치즈를 만들었고, 유장과 음식 찌꺼기를 먹여 돼지를 길렀다. 초벽으로 만든 17평 남짓한 원형의 집 내부는 원시적인 방법으로 꾸몄다. 집 안에는 큰 방이 하나 있었으며, 여러 개의 잠자는 공간이 고리버들 세공을 한 칸막이로 분리되어 사생활을 보호해주는 역할을 했다. 그녀는 긴 널빤지 의자에 깔린 짚을 주기적으로 갈아주었으며, 이 긴 의자는 창 없는 벽 가에 놓여 침대 구실을 했다. 등불은 골풀을 소기름에 적셔 만들었다.

지금의 기준으로 보면 클리우드누는 서투른 살림꾼이라고 할 수 있다. 가끔씩 그녀는 생기를 불어넣기 위해 바닥에 골풀을 흩뿌려 덮기도 했을 텐데, 바닥에는 아마도 송아지 가죽으로 만든 깔개 1~2개를 덮어두었을 것이다. 그러나 음식이 땅바닥에 떨어지면 집에서 키우던 개가 먹어치우지 않는 한 떨어진 자리에 그대로 있었을 것이다. 집 안에서 틀림없이 냄새가 났겠지만, 방의 중앙에 두었던 돌을 채워넣은 화로에서 나는 냄새 때문에 악취는 거의 맡을 수 없었을 것이다.

나무나 토탄에서 피어오른 연기가 이엉지붕에 난 구멍을 통해 밖으로 빠져나갔으며, 불 꼬챙이에서 구운 쇠고기나 돼지고기 냄새, 말뚝의 갈고리 쇠에 걸린 냄비에서 끓는 보리죽 냄새 등이 실내를 떠다녔다. 또한 이따금씩 그녀는 많은 양의 고기와 양파, 파스닙, 야생 마늘 등을 동으로 만든 큰 냄비에 넣어 물을 가득 붓고서 끓이기도 했으며, 큰 냄비는 불로 뜨겁게 달구어진 돌로 가열했다. 또한 그녀는 재배한 사과나 야생 딸기 등을 가족들에게 제철에 내놓았는데, 고대의 어느 시에서는 이런 과일들은 '많이 먹어도 질리지 않는다' 고 했다. 모든 음식은 나무로 만든 사발이나 큰 접시 혹은 원통형의 잔에 담아 내놓았으며, 아마도 긴 의자를 갖춘 조잡한 식탁에서 식사를 했을 것이다.

클리우드누의 가정에서 가장 귀한 식료품 중 하나는 꿀이었다. 꿀은 구할 수 있는 유일한 감미료였으며, 저장이 쉬워서 겨울철 내내 쓸 수 있었다. 더군다나 꿀을 발효시키면 꿀술을 얻을 수 있었으며, 꿀술은 종교적인 축일에 제주(祭酒)로 애용되었다. 그것은 보리나 기타 곡류들로 양조한 에일 맥주와는 다른 맛이었다. 또한 꿀벌통에서 양초 제조에 필요한 밀랍을 구할 수 있

었다. 실제로 양봉을 한 농부들이 무척 많아, 한 법전은 소, 돼지, 말과 더불어 벌을 가축으로 분류하기도 했다. 욕심 많은 벌 떼가 이웃집에서 재배하는 꽃에 앉아 '무단으로 꿀을 빨아먹는' 것과 같은 난처한 문제를 비롯하여, 양봉의 법률적 복잡성을 중점적으로 다룬 법전도 있었다.

클리우드누의 시대에 가장 힘든 집안일 가운데 하나인 곡식을 가루로 만드는 일이 일부 사람들에게는 이미 사교적인 즐거움이 되어 있었다. 7세기 초에 물방아가 도입되기 전까지 모든 곡물은 맷돌을 손으로 돌려서 갈았다. 물방아를 이용한 제분은 너무나도 혁신적인 것이어서, 그것을 설명해주는 재미있는 전설이 생겨나기도 했다. 임신한 애첩이 손으로 곡식을 갈며 힘들어하는 것을 가엾게 여겨, 최초로 물방아를 도입한 사람은 타라의 코르막 왕으로 전해진다. 클리우드누의 경우에는 아마도 남편이 이웃 및 일가붙이와 공동으로 물방아를 소유했을 것이다. 이러한 물방앗간은 곧 고립된 농가에서 살던 여성들을 위한 모임의 중심지가 되었다. 제분기에서 곡식이 가루가 되어 쏟아져 나오기를 기다리는 동안 여성들은 대화를 나누며 사회적인 유대감을 형성할 기회를 가질 수 있었던 것이다.

클리우드누와 다른 여성들도 함께 모여 서로 친분을

아일랜드 병사들은 활동의 편의성을 위해 허리 길이의 상의와, 무릎 바로 밑까지 오는 몸에 꼭 맞는 바지를 입었다. 이 같은 바지를 트루즈(trews)라고 한다.

쌓으며, 여성의 가장 중요한 일들 가운데 하나인 양모와 아마포 짜는 일을 했을 것이다. 이러한 일들은 고되고 긴 시간이 요구되는 작업들로서, 여럿이 함께 모여 일함으로써 힘을 덜 수가 있었다. 자그마한 갈색 양의 털을 깎아 빗겨서, 손으로 자아 실로 만들고, 그것을 염색하여 옷감을 짰다. 그런 다음 양모 직물을 문질러 빨아 천연 양모지(羊毛脂)를 제거하고, 천의 올을 배게 하여—채소의 재를 섞은 찬물이나 사람 오줌 썩인 물에 적셔 밟아—오그라들게 만들어 천을 더 촘촘하고 부드럽게 했다.

아마포 짜는 일은 이보다 훨씬 더 힘들었다. 아마를 수확하고 빗질하여 씨앗을 제거한 후, 물에 적시고 두드려 으깨어서 아마 줄기로부터 섬유를 얻었다. 이렇게 얻어진 섬유를 빗질하고 골라낸 후, 실로 잣고 염색하여 아마포를 짰다.

물론 이 모든 작업을 마친 후 클리우드누와 여성들은 천을 가지고 망토와 튜닉 등 갖가지 옷을 만들어야 했다. 이렇게 만든 옷들 중 일부는 가족들에게 입혔으며, 나머지는 시장에 내다팔았다.

당시 여성들에게 옷감 생산보다 더 중요한 역할이 있었는데, 그것은 다름아닌 출산이었다. 출산, 특히 상속받을 적자(嫡子)의 출산은 매우 중요한 의미를 지니는 것이어서, 여성의 불임은 정당한 이혼 사유에 해당했다. 클리우드누는 거의 20

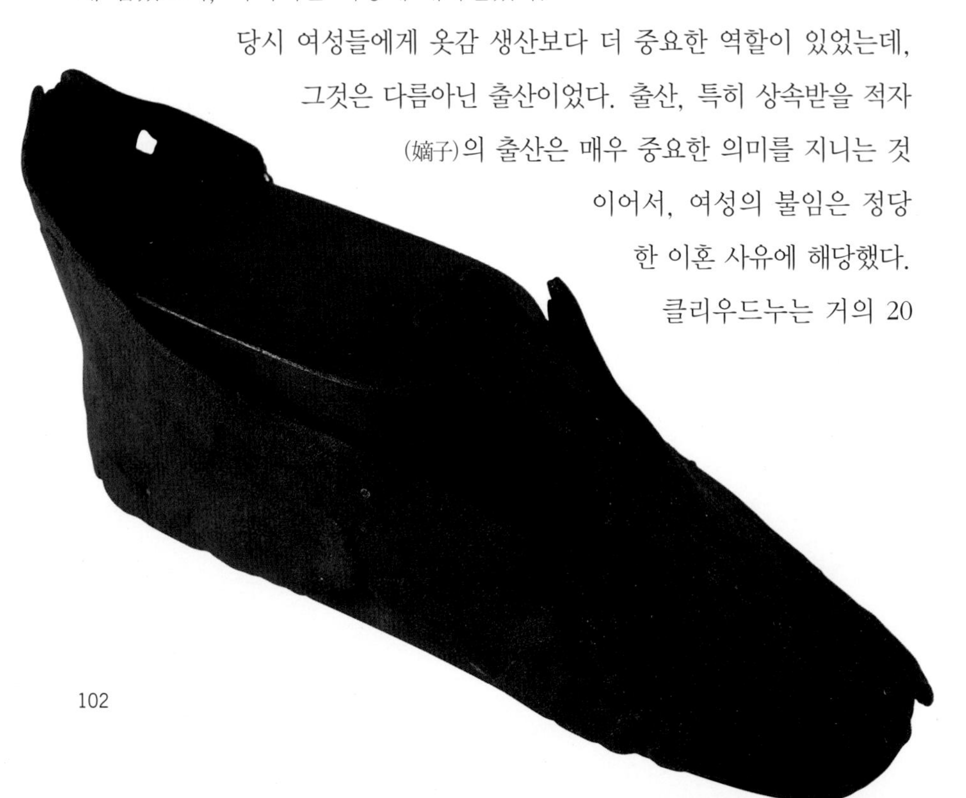

통가죽에 명주실로 바느질을 한 이 신발은 어느 부유한 아일랜드 인이 신었던 것으로 추정된다.

여 년 동안 대여섯 차례 출산을 하게 될 것이다. 그녀가 복이 있다면 아이들 중 절반은 어린아이들에게 만연한 병을 이기고 살아남을 것이다. 그러나 얄궂게도 그녀는 살아남은 아이들을 어른이 될 때까지 기르지는 못한다. 그녀가 속한 계급의 가정에서는, 특히 귀족들 사이에서는 아들이나 딸이 7세가 되면 집에서 내보내 다른 가정에 맡기는 것이 관례였는데, 이를 양육이라고 했다.

클리우드누의 경우에는 아이를 맡길 양부모를 그녀의 일가붙이에서 찾았는지도 모른다. 예를 들어, 그녀의 오빠나 남동생이 의무감뿐만 아니라 애정을 가지고 아이들 중 한 아이를 맡았을 것이다. 그러나 부모는 아이를 길러주는 가정에 돈을 지불할 수도 있었다. 아일랜드의 법은 소농의 아들을 맡아 키우는 데는 암소 한 마리 반을, 왕자의 경우에는 암소 15마리를 양육비로 규정했다. 여자아이들의 양육비는 조금 더 비쌌는데, 아마도 남자아이들에 비해 더 세심한 주의가 필요하다고 여겼기 때문인 듯하다. 남자아이들은 대개 17세까지, 여자아이들은 14세까지 양육되었다. 양육기간 중에 양부모는 친아버지의 사회적 지위나 아이의 신분에 맞추어 아이를 훈육했다. 예를 들어, 소농의 아들일 경우에는 가축몰이와 경작법을, 딸일 경우에는 우유 짜는 법이나 집안일, 요리 등을 가르쳤다. 대장장이의 아들은 대장장이에게 맡겼으며, 아이를 성직자로 키우려면 성직자에게 보냈다.

양육제도와 관련된 법적 사항들이 법전에 자세히 다루어지기는 했으나(양육을 시키려면 보증인이 보증하는 정식 계약이 필요했다), 양육을 하게 되면 대개는 양부모와 아이 간에 강한 애정과 친밀감이 싹텄다. 그 친밀감의 정도는 아이들이 엄마, 아빠라고 부른 쪽이 친부모가 아니라 양부모였다는 사실을 통해 확인할 수 있다. 수양 형제들 사이의 평생에 걸친 유대감이 친형제 사이의 그것보다 더 끈끈한 경우도 있었다. 항상 새로운 정치적 연합을 모색했던 귀족들간에 양육이 유행했던 이유는 다른 가문들과의 긴밀한 관계가 필요했기 때문이다.

요리를 하고 옷감을 짜며, 다른 사람의 아이를 기르는 것이 7세기 아일랜드 여성의 운명이었다. 또한 아일랜드 여성들이 유럽 대륙의 여성들보다 형편이 나았는지는 몰라도, 그들은 남편보다 법적으로 불리한 위치에 있다는 사실과, 사회가 자신들에게 요구했던 역할을 항상 의식하고 있었음에 틀림없다. 옛 아일랜드에서 여성들이 이런 생활을 피할 수 있는 길은 사실상 없었다. 그러나 한 가지 대안을 교회에서 마련해주었는데, 그것은 수녀원에 들어가 수녀가 되는 것이었다. 8세기 중반에 이러한 생활을 선택했던 젊은 여성이 있었으니, 그녀의 이름은 쿠멘이었다.

쿠멘 역시 같은 또래의 소녀들과 마찬가지로 결혼을 해야만 한다는 사실을 항상 인식하고 있었다. 그러나 그녀는 법에서 결혼상대를 선택할 수 있도록 규정하고 있다는 점도 알고 있었다. 어느 법전에 나와 있듯이, '적령기의 여성은 하나님 아니면 한 남성과 약혼해야' 했다. 다시 말해, 속세의

모든 구혼자를 거부하고 하나님의 신부가 될 수 있었던 것이다.

쿠멘이 수녀가 된 이유에 대한 기록은 남아 있지 않다. 그녀가 수녀가 되기로 결심한 배경은, 약 200년 전 리브론의 간절했던 참회의 열망보다는 훨씬 덜 극적인 것이었을 것이다. 쿠멘은 아마도 인근의 수도원이나 교회, 성소를 방문했다가 수녀가 되는 것에 관심을 가지게 되었을 것이다. 그녀는 기독교 의식 거행을 위해서나, 아니면 덕망 있는 수도사나 수녀로부터 조언을 구하기 위해 그곳에 갔을 것이다. 후자의 경우라면, 하나님과 결혼하게 되면 경제적 지원, 신체적인 보호 및 세속적 결혼에서 벗어나는 것과 같은 혜택을 누리게 될 것이란 조언을 들었을지도 모른다. 평신도 여성들에게는 보장되지 않는 구원이라는 은혜를 영적 결합으로 받게 될 것이라는 말도 빼놓지 않았을 것이다.

아일랜드의 장인들은 실제로 금속 세공품을 만들기 전에, 사진에서 보는 것과 같이 장식 문양을 연습 삼아 그려넣기도 했다. 사진은 8세기나 9세기 초의 것으로 뼈를 문질러 만든 연습용 조각이다. 복잡하게 얽힌 문양과 매듭 세공 도안은 켈트 예술에서 자주 이용되며, 기술을 연마하는 장인이나 수련 중인 도제가 새긴 것이다.

그러나 그녀가 극기, 기도, 그리고 묵상이라는 수녀의 길을 선택했음에도 불구하고 여전히 남성들에게 의존하고 있었다. 아일랜드 여성들이 들어갈 수 있었던 수녀원들 대부분이 수도원 옆이나 근처에 자리잡고 있었다. 사실, 그녀와 다른 수녀들은 수도사들의 식사 준비나 빨래를 하며 수도사들을 위한 살림꾼 역할을 했을 것이다. 그러나 남성들과의 그러한 매일매일의 가까운 접촉이 예배로까지 이어지지는 않았다. 교회에서는 수도사들과 수녀들이 벽을 사이에 두고 따로 예배를 보았다. 또한 8세기에는 그 어떤 여성도, 심지어 수녀라고 할지라도 수도원의 지성소(至聖所)인 교회에는 들어갈 수 없게 되어 있었다.

그럼에도 쿠멘은 세속의 여성들은 좀처럼 누릴 수 없는 법적인 권리를 지니고 있었다. 예를 들어, 법률적인 증거를 제시할 수 있었고, 토지를 사고 농장을 운영할 수 있었으며, 독자적으로 거래를 할 수도 있었다. 수녀로서의 신분과 부유한 여성으로서의 신분 덕택에 이러한 특권을 누릴 수 있었던 것이다. 기록에서는 찾아볼 수 없으나,

아마도 그녀의 부의 원천은 직계가족이나 일가친척들로부터 증여받은 재산이었을 것이다. 여성은 자신의 어머니가 증여받았거나 어머니가 노동으로 획득한 토지를 합법적으로 상속받을 수 있었으나, 그것은 오빠나 남동생이 없는 경우에 한했다. 아버지 또한 법과 전통을 무시하며 딸들에게 토지를 일부 떼어줌으로써, 자신의 사후에 아들들만이 토지를 물려받을 수 있는 불공평함을 보상해줄 수 있었을 것이다. 그러나 이런 식의 증여는 친족집단 내에서 분란을 일으켰는데, 그들은 토지에 대한 관리권이 상실되는 것을 원치 않았기 때문이다.

오빠나 남동생이 없는 어떤 여성이 아버지의 토지를 물려받은 경우라 할지라도, 그 토지에 대한 관리권은 그녀의 사망과 동시에 친족집단으로 귀속되었다. 그러나 수녀의 경우에는 또 다른 선택권을 가지고 있었다. 즉, 해당 토지를 매각하거나 교회에 양도할 수가 있었던 것이다.

쿠멘은 물려받은 재산으로 농장 부지를 사들였다. 그녀는 브레탄이라는 사람과 동업하여 코노트에 있는 '오크터 아키드의 토지, 숲, 벌판, 목초지, 사유지, 정원을' 사들였던 것이다. 쿠멘은 뜻을 같이하는 몇몇 사람들(아마도 수녀가 된 친척들)과 같이 살 수 있게끔 오크터 아키드에 조그마한 수녀원을 건립하려 했었던 듯하다. 그러한 종교 공동체들은 농장과 경작지가 딸린 자체 농장을 갖고 있었으며, 농장일의 대부분은 고용된 일꾼들에게 맡겼다.

그녀가 토지를 사들였던 목적이 무엇이었든간에 쿠멘은 동업자 브레탄

청동으로 만든 수녀원의 성골함을 장식하고 있는, 사진의 수수한 옷차림의 세 여성은 수녀들인 듯하다. 아일랜드에서 수녀들은 존경받았으며, 성 패트릭은 여성들에게 수녀가 될 것을 권하기도 했다. 성 브리짓처럼 결혼과 속세를 회피했던 일부 여성들은 유수한 수녀원의 대수녀원장으로서 상당한 지위를 누리기도 했다.

의 토지도 매입하여 혼자서 그 토지를 모두 소유하고자 했다. 쿠멘은 자신의 티놀, 즉 결혼시에 사용할 재물을 이용하여 나머지 절반의 토지를 사들이려 했다. 아일랜드 법은 영적 결합을 인정했으므로, 쿠멘이 남성이 아닌 하나님과 결혼했다고 해서 그녀가 티놀을 받을 수 없었던 것은 아니었다. 쿠멘의 티놀은 그곳에 있는 대교회의 학자들이 엮은 전기모음집인 〈아마의 서(Book of Armagh)〉에 그 품목이 기재되어 있다. 그녀의 티놀에는 은 3온스, 은 3온스어치의 목걸이, 금반지 1개와 많은 돼지 및 양들이 포함되어 있었다. 그 정도면 참으로 넉넉한 편으로서, 암소 다섯 마리에서 열 마리 정도의 가치와 맞먹었다.

티놀은 관례적으로 결혼 직전에 받았으나, 쿠멘의 경우에는 다소 늦게 받았는지도 모른다. 아마도 가족 구성원들 중 몇몇이 그녀가 세속의 결혼보다는 종교적인 결합을 선택한 것에 반대했을 것이다. 그러나 쿠멘이 받은 티놀로도 브레탄이 가진 나머지 절반의 토지를 사들이는 데는 부족했다. 그녀는 모든 아일랜드 여성이 지녔던 특수한 기술, 즉 옷감의 생산과 옷 만드는 기술에 의존하여 필요한 나머지 돈을 마련했다. 아마도 그녀의 땅에서 기르던 양의 털로 만든 모직과 그 지역의 식물에서 얻은 염료를 가지고 그녀는 여유가 있었던 남성이 어깨에 걸칠 멋진 망토를 짰을 것이다.

쿠멘은 자신이 만든 망토를 팔기 위해 그 지역의 시장에서 장사를 했을 것이다. 이러한 장은 종종 큰 규모의 수도원에서 열렸으며, 자신들의 물건을 팔고자 안달이 난 보석세공 장인이나 기타 장인들이 모여들었다. 상거래에는 재미있는 오락거리들이 빠질 수 없었다. 경마가 열리고, 운동경기가 벌어졌으며, 마술과 광대놀음도 있었다. 책에는 쿠멘이 자신의 망토를 내주고 어떤 귀족으로부터 귀한 갈색 말을 받은 것으로 기록되어 있다. 그녀는 그 말을 상당한 양의 은 덩어리를 받고 다른 사람에게 되팔았다.

쿠멘은 이 은과 티놀을 합쳐서 오크터 아키드의 나머지 반을 매입할 수 있었다. 〈아마의 서〉에 이 같은 거래 사실이 수록된 것으로 보아, 그녀는 아마도 오크터 아키드의 땅을 그 교회에 유증하려 했었던 것 같다. 아마는 아일랜드의 동북부에 위치해 있었으나, 소규모 회중들과 종교 공동체들의 광범위한 연결망의 중심축이었다. 쿠멘은 아마 교회에 오크터 아키드를 증여함으로써 사후에도 오랫동안 아마 교회의 충실하고, 생산적이며, 존경받는 신부(新婦)로서 계속 봉사할 수 있었을 것이다.

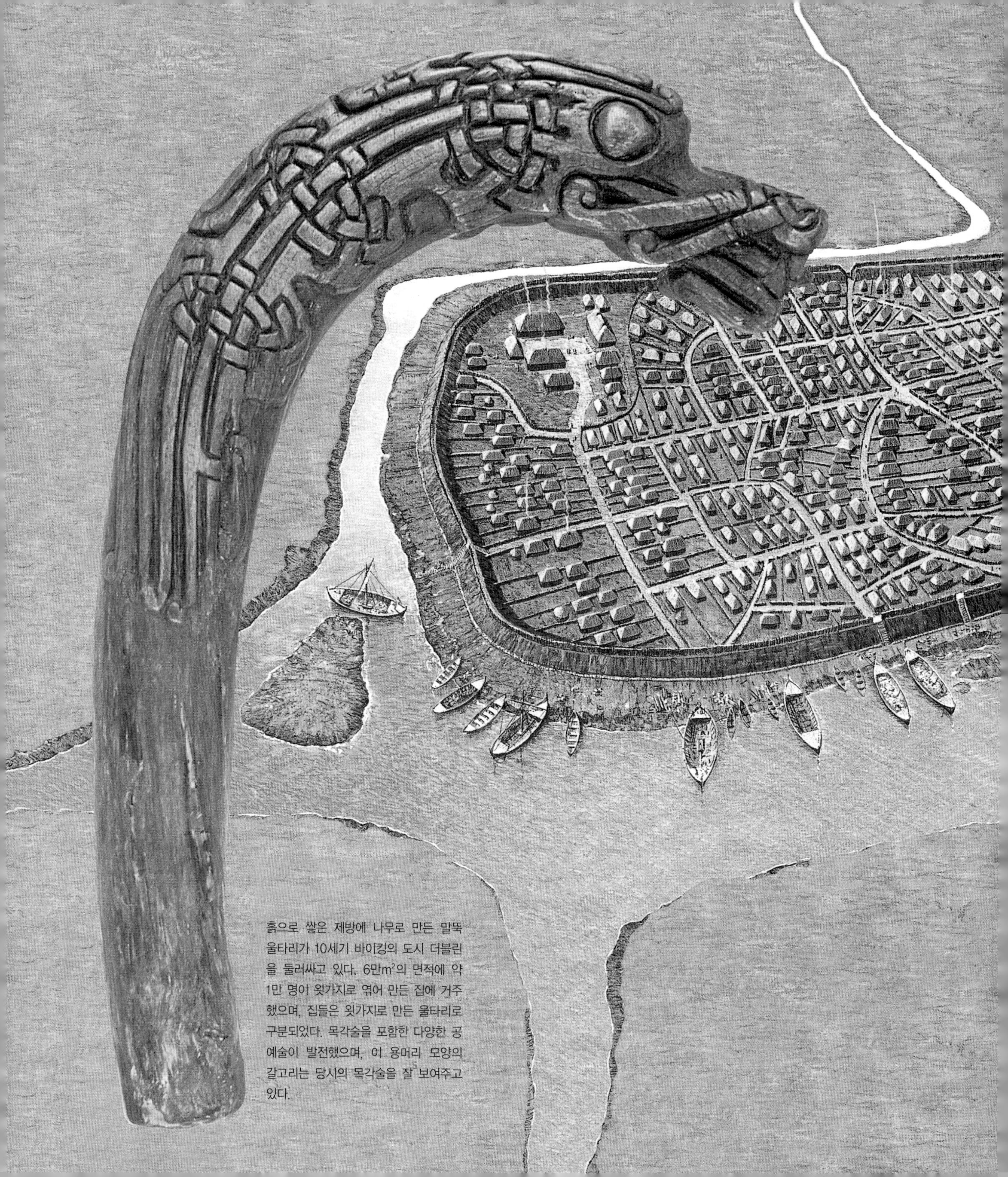

흙으로 쌓은 제방에 나무로 만든 말뚝 울타리가 10세기 바이킹의 도시 더블린을 둘러싸고 있다. 6만m^2의 면적에 약 1만 명이 윗가지로 엮어 만든 집에 거주했으며, 집들은 윗가지로 만든 울타리로 구분되었다. 목각술을 포함한 다양한 공예술이 발전했으며, 이 용머리 모양의 갈고리는 당시의 목각술을 잘 보여주고 있다.

ESSAY _ 3

바이킹의 도시, 더블린

바이킹 족은 '수많은 배들을 바다에 쏟아내며' 아일랜드에 들이닥쳐, 상륙한 모든 지역을 파괴해버린 유랑민족이었는지는 모르나, 침략자로서 어울리지 않는 일을 했다. 그들 중 일부가 아일랜드에 정착하여 그곳을 자신들의 고향으로 만들었던 것이다. 만약 바이킹이 없었다면 그들이 세운 더블린, 워터퍼드, 코크, 리머릭, 웩스퍼드 같은 도시들은 존재하지 않았을 것이다.

이 도시들 중 으뜸인 더블린은 841년의 겨울 야영지에서 비롯되었으며, 이곳이 선택된 이유는 북쪽 및 남쪽, 서남쪽에 이르는 주요 정박지들이 합류하는 리피 강을 가로지르는 주요 여울에 위치한 입지조건 때문이었다. 더블린이라는 지명은 그 유래를 담고 있다. 바이킹이 오기 전 그곳에는 조그마한 정착촌이 하나 있었다. 아일랜드 인들은 그곳을 더브 린(Dubh Linn)이라고 했는데, 그 의미는 이른바 '검은 물웅덩이'로서, 바이킹들이 정박지로 이용하게 될 포들 강과 리피 강이 합류하는 지점에 위치했다. 바이킹은 이 본거지에서부터 출항하여 약탈과 교역을 하다가, 902년에는 동맹을 맺은 아일랜드 군주들에 의해 일시적으로 그곳에서 밀려났다.

주로 잉글랜드와 스코틀랜드에서 몇 년을 보냈던 바이킹은 917년에 이 지역으로 되돌아와, 새롭고 활기찬 정착지를 세웠다. 더블린의 번창에 안달이 났던 아일랜드 왕들은 더블린에 점차 압력의 수위를 높여나갔다. 결국 바이킹은 굴복하여 군주들에게 공물을 바쳤으며, 아일랜드 동족간의 전투에서는 아일랜드의 여러 군주들을 위해 자신들의 선단과 병사들을 내주기도 했다. 바이킹 족이 완전히 동화될 무렵, 더블린은 이미 대규모 국제항이 되어 있었다.

이 지도는 바이킹이 세운 아일랜드 최초의 진정한 의미의 도시들을 표시해주고 있다. 이 도시들은 뛰어난 해상 접근성으로 바이킹 교역망의 일부가 되었다. 바이킹의 교역망은 스칸디나비아에서 출발하여 동쪽으로는 러시아, 서쪽으로는 아이슬란드와 아일랜드 해 인근, 그리고 남쪽으로는 지중해까지 뻗어 있었다.

| 붐비는 시장

바이킹이 정착한 더블린은 교역을 통해, 특히 잉글랜드의 인구 중심지들과의 통상을 통해 부를 쌓아갔다. 그러나 더블린에서는 내구재 이상의 것들도 거래되었다. 가장 활발히 거래된 상품 가운데 하나가 노예였다. 운이 없는 자들은 종종 아일랜드 군주들이 경쟁관계에 있는 군주를 급습할 때 붙잡혀 더블린에서 노예거래상에 팔린 후, 잉글랜드나 아이슬란드, 스칸디나비아 등지로 팔려나갔다. 11세기 무렵의 더블린은 서유럽의 주요 노예시장으로 성장해 있었다.

더블린이 번창함에 따라 각 나라의 상품과 원료들이 상업도시인 이곳으로 밀려들었다. 그중에는 발트 해 연안의 호박(琥珀), 독일과 서아시아 및 중앙아시아 등지에서 들여온 은과 은화 등이 있었다. 어느 아일랜드 노인의 말을 빌리자면 당시 더블린의 거리는 "야만인의 재물로 넘쳐났다"고 한다.

뭐니뭐니해도 가장 중요한 것은 은이었다. 은은 부의 척도로 간주되었을 뿐만 아니라, 매일매일의 거래시에 이용할 수 있었다. 종종 은으로 만든 주화나 목걸이, 팔찌 등을 조각으로 잘라(이것을 '핵 실버(hack silver)'라고 했다) 그 조각들의 중량과 값어치에 따라 물건들을 구입하기도 했다.

가죽 세공인들은 신발과 칼집을, 목 세공인들은 선반에서 그릇, 접시, 기타 용기들을 생산하여, 주민들의 일상적인 수요를 충족시키고 수출시장에 그 같은 물건들을 공급했다. 짐승의 뼈와 뿔을 가지고 빗과 장신구를 생산한 장인 집단도 있었다. 갖가지 배를 건조한 장인들도 있었으며, 이들이 만든 배를 이용하여 아일랜드 군주들은 내륙 지역의 강들을 지배했다.

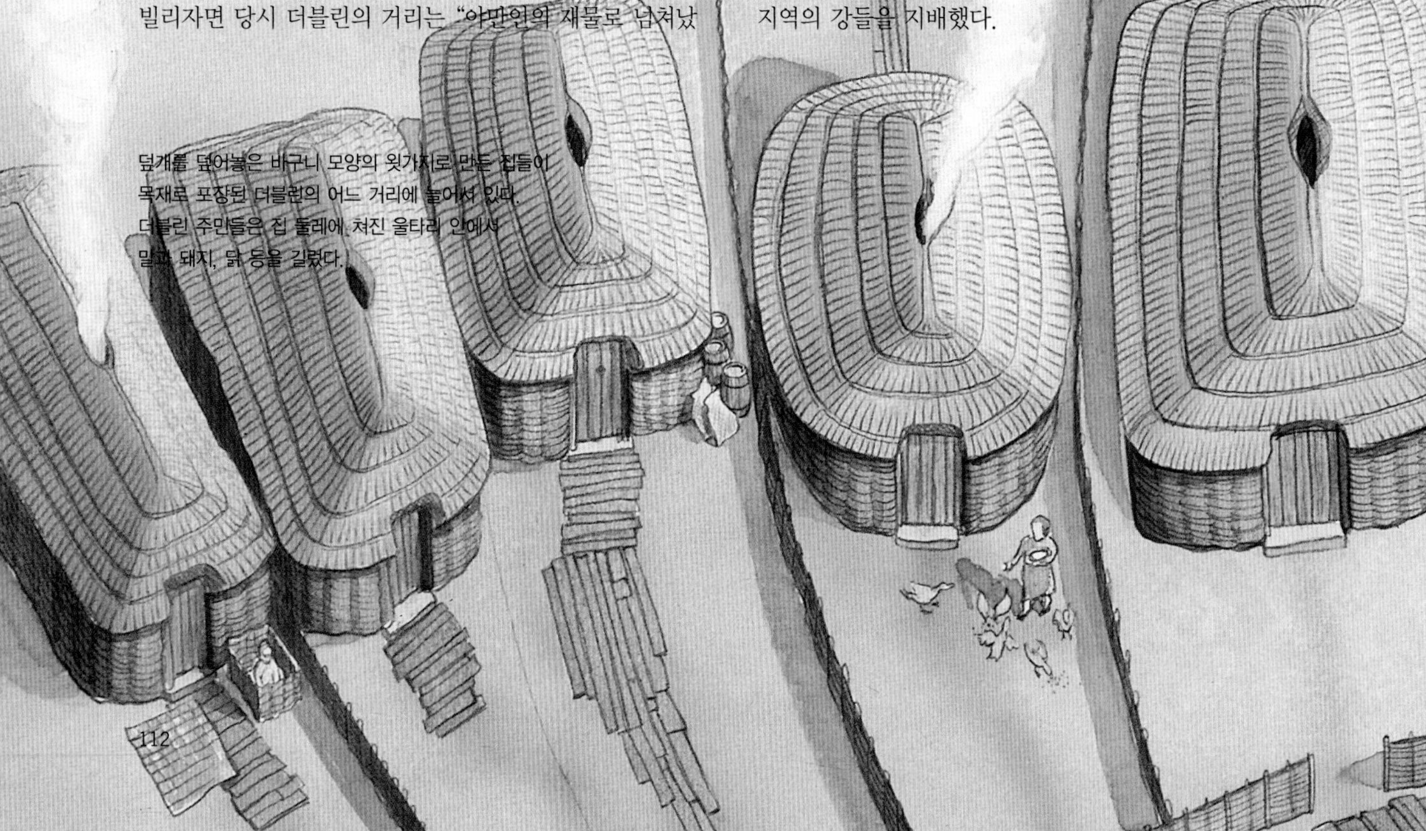

덮개를 덮어놓은 바구니 모양의 욋가지로 만든 집들이
목재로 포장된 더블린의 어느 거리에 늘어서 있다.
더블린 주민들은 집 둘레에 쳐진 울타리 안에서
말과 돼지, 닭 등을 길렀다.

옛 더블린의 유물들 뒤에 배경처럼 나와 있는 나무판에는 바이킹의 롱십(longship)이 그려져 있다. 왼쪽의 것은 낚싯바늘이며, 그 옆의 것은 997년경에 더블린에서 주조된 것으로 알려진 은화다. 오른쪽 나무사발에는 가공하지 않은 수지(樹脂) 덩어리와 호박구슬이 담겨져 있다. 이것들은 보석 세공인의 작업장이 있던 터에서 발견되었다.

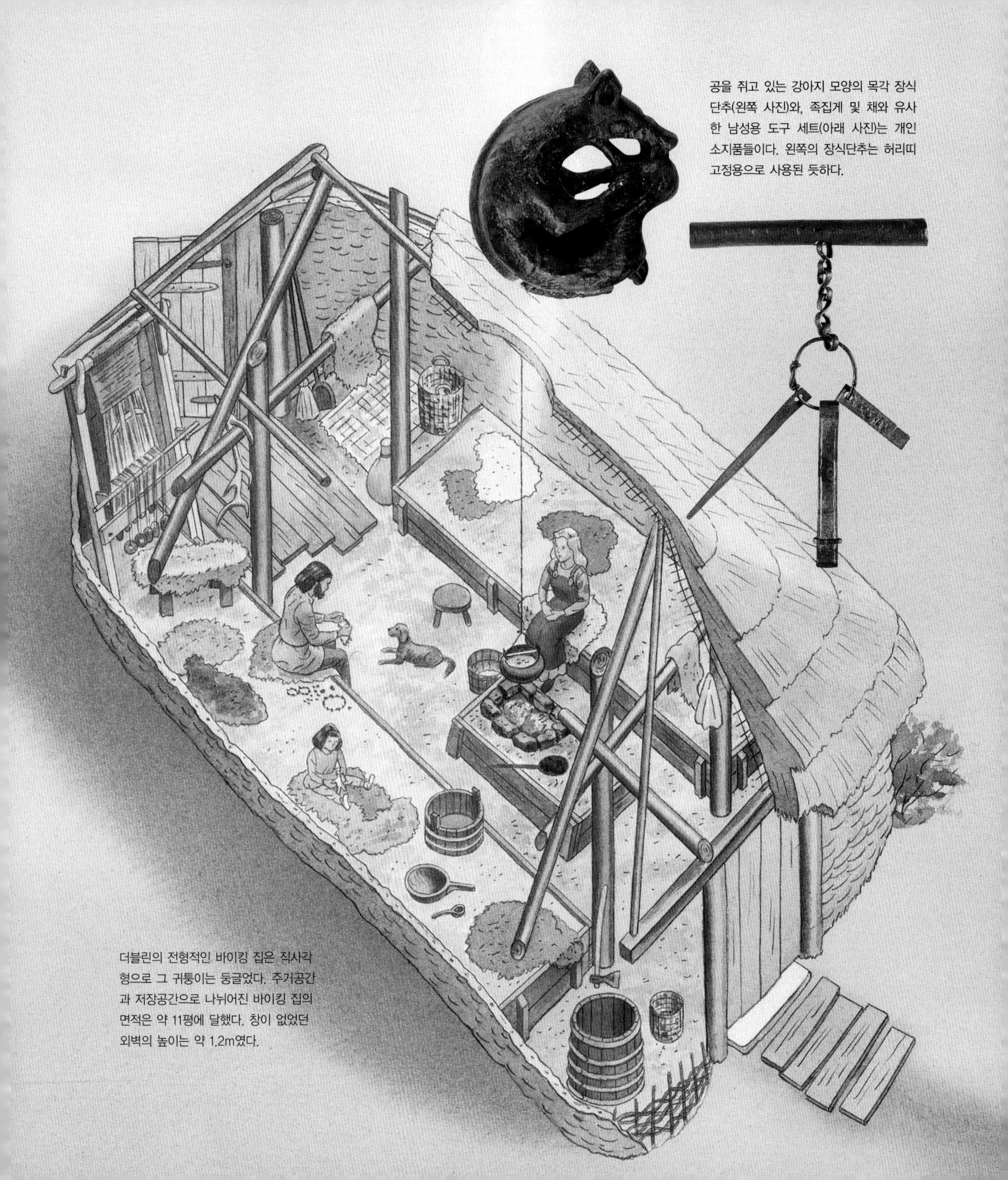

공을 쥐고 있는 강아지 모양의 목각 장식단추(왼쪽 사진)와, 족집게 및 채와 유사한 남성용 도구 세트(아래 사진)는 개인 소지품들이다. 왼쪽의 장식단추는 허리띠 고정용으로 사용된 듯하다.

더블린의 전형적인 바이킹 집은 직사각형으로 그 귀퉁이는 둥글었다. 주거공간과 저장공간으로 나뉘어진 바이킹 집의 면적은 약 11평에 달했다. 창이 없었던 외벽의 높이는 약 1.2m였다.

바이킹의 집

그 옛날 더블린에 살았던 한 개인의 재산이나 지위가 어떠했든지간에, 윗가지로 만든 집에서의 생활이 안락했다고 할 수는 없었다. 우선, 기후가 한랭하면서 습기가 많았으며, 언제 리피 강이 범람할지 모르는 불안감을 안고 살아야 했다.

사정이 이렇다면 바이킹 집들의 수명이 불과 10년에서 20년 정도였다는 사실은 그다지 놀랄 만한 일이 아니다. 집의 기둥들이 밑에서부터 썩어들어가서, 기둥들이 떠받치고 있던 잔디층이 깔린 이엉지붕이 무너져내리기 전에 집을 비워야 했다. 그러나 새로운 집에서의 생활은 괜찮았을 것이다. 새 집에서는 벽의 층을 이루며 엮여 있던 가지들과, 단열을 위해 벽에 채워넣기도 했던 이끼 및 양치류에서 향긋한 냄새가 났을 것이다. 그러나 얼마 지나지 않아 새 집에는 방 가운데 있는 화로에서 나는 연기와, 지붕을 까맣게 변하게 만드는 그을음이 끼곤 했다.

주거 공간의 중앙에는 넓은 통로가 있었으며, 통로 양쪽은 긴 의자 형태의 공간이 차지했다. 바닥은 흙을 다져 깔았으며, 윗가지로 만든 거적을 깐 경우도 있었다. 내부 벽은 단열을 위해 직물로 만든 휘장이나 바구니를 걸어놓았다. 실내의 한 귀퉁이는 집안 허드렛일이나 공예품 제작을 위한 공간으로 활용되는 경우도 있었다. 이곳에서는 큰 통, 교유기, 작업대 등이 발견되었다.

더블린 사람들은 습랭한 기후로부터 몸을 보호하기 위해 거친 양모로 만든 두툼한 옷을 입었고, 비단 목도리를 이용하여 피부가 쓸려 벗겨지지 않게 했으며, 벽을 따라 길게 공간을 차지하고 있던 긴 의자에서 잤는데, 이러한 긴 의자에는 덤불과 짚을 쌓아 그 위를 짐승의 가죽과 털가죽으로 덮었다.

주변 환경의 단조로움에도 불구하고, 어쩌면 그 단조로움 때문에, 바이킹은 밝은 색상의 옷과 미술장식품들, 즉은 브로치, 구슬 목걸이, 금반지 및 뼈를 깎아 만든 머리핀 등을 많이 만들었는지도 모른다.

더블린 사람들의 애장품 중에는 남녀 가릴 것 없이 긴 머리를 빗는 데 사용한 빗이 있었다. 위 사진의 빗은 뼈를 깎아 장식하여 만든 것으로서, 빗집과 한 쌍을 이루고 있다.

3 :: 아일랜드 대왕

58세의 나이에도 먼스터의 보루 왕은 당당함을 잃지 않고 있었다. 확실히, 그의 긴 머리는 반백이 되어 있었으며, 이마에는 근심으로 주름이 깊게 패어 있었다. 그러나 브라이언 보루 왕은 그 어느 때보다 빈틈이 없었으며 위협적인 존재였다. 또한 세월이 흘러 몸집이 불어나긴 했으나, 근력은 여전하여 아마포로 만든 튜닉 속에서는 근육이 꿈틀댔으며, 자신의 젊은 시절과 먼 옛날의 전장들을 기억하고 있었다. 그 옛날의 전장에서 아일랜드 대왕이 될 브라이언 보루는 쓰러진 형의 군기를 움켜쥐고는, 스스로 10세기 아일랜드라고 하는 체스판의 주인이 되었다. 10세기 후반, 힘이 없는 군주들은 차례차례 그의 수하가 되었으며, 성채와 요새는 그의 전리품이, 주교들은 그가 내린 하사품의 수혜자가 되었고, 적어도 한 명의 다른 왕의 왕비는 그의 아내가 되었다.

999년, 이제 첫 번째 천 년의 마지막 날이 다가오는 시점에 브라이언 보루 왕은 또다시 전투에 나섰으며, 이번의 전장은 더블린의 외곽지역이었다. 그의 주변에서는 병사들이 각자의 자리에서 분주하게 무기를 점검했다. 일부 병사들은 창의 손잡이를 살펴보았고, 일부는 칼자루와 투구를 점검했다. 그러나 병사들의 이러한 각오에도 불구하고 그들 중 직업군인은 거의 없었으

브라이언 보루 왕의 먼스터 전사들이 아일랜드 인들과 바이킹으로 구성된 적들을 공격하고 있다. 왼쪽의 그림은 1014년에 더블린 외곽지역에서 있었던 클론타프 전투를 그린 것으로서, 19세기의 것이다. 보루 왕의 군사들은 '관모가 달린 황금 투구'를 썼으나, 갑옷은 거의 입지 않았으며, 방패, 칼, 도끼, 창 및 던지는 화살을 지녔던 것으로 알려졌다. 그들은 '머리끝에서 발끝까지 철갑을 두른' 적군을 물리쳤다.

며, 그나마도 용병들이었을 가능성이 높았다. 나머지는 모두 새로 모집한 병사들로서, 왕의 부름을 받고 나선 자유민들이었다. 아일랜드 사람들은 왕의 부름을 받고 나서는 행위를 '주인노릇'이라고 했다.

보루 왕은 병사들에게 전투 준비를 시키고, 그들을 사열하여 용기를 북돋우면서, 전장에서 흘릴 피로 남자다움을 인정받게 될 젊은 병사들을 격려했을 것이다. 보루 왕은 감히 자신의 권위에 맞섰던 풋내기들에게 그들이 충성을 바쳐야 할 군주가 바로 자신임을 과시하고 싶어 몸이 근질거렸다. 이곳 더블린 남쪽의 글렌 협곡에 있는 글렌마마에서, 10년간 보루 왕 자신의 양아들이기도 했던 더블린의 바이킹 왕 시트류크와 시트류크의 외숙이자 렌스터의 왕이기도 한 마일 모르다를 무릎꿇리리라 다짐했다.

구름이 지나간 하늘에 새벽이 밝아오자 양 군대는 서로 근접했다. "그리고 그들간에 전투가 벌어졌는데, 그 전투는 선혈이 낭자했고, 격렬했으며, 붉게 물들었고, 용감했으며, 영웅적이었고, 남자다웠으며, 거칠었고, 잔인했으며, 냉정했다"라고 후대의 어느 역사서는 강렬한 형용사들을 써가며 그때의 일을 기록하고 있다. 습한 12월의 공기를 가르며 칼과 칼이 부딪쳤고, 먼스터 병사들의 도끼가 렌스터 병사들을 난도질했으며, 창들이 쿵 하는 소리를 내며 나무 방패에 꽂혔고, 온 힘을 다해 싸우는 병사들의 고함 소리와 죽어가는 병사들의 끔찍한 신음 소리가 뒤섞여 들려왔다.

이 철제 죄수용 목걸이는 아마도 볼모의 목에 채운 것인 듯하며, 약속한 공물을 바치겠다는 일종의 담보물로 볼모를 데려갔다. 볼모의 존재는 아일랜드의 군주들에게 있어 일종의 권위의 상징이었다.

이 청동 방패는 표면이 이랑 모양으로 돌출되어 있어, 아래의 것과 같은 견고한 철제 칼의 타격을 무디게 만들었다. 이 칼의 칼집은 동으로 만든 것이다.

수천의 병사들이 싸운 전장에서, 해질 무렵에는 4,000명이 넘는 적군이 전사했다. 결국 보루 왕이 승리했다. 그는 군대를 이끌고 더블린에 입성하여 그 도시를 불태워버렸다. "또한 많은 여성들과 아이들이 노예가 되어 병사들에게 유린되었다"고 아일랜드 전설은 전하고 있다. 마일 모르다 왕은 수치스럽게도 주목나무에 숨어 있다가 발각되었으며, 시트류크는 간신히 도망쳤다.

아일랜드에서는 은신처를 제공해주겠다고 나서는 군주가 없자, 시트류크는 곧 더블린으로 조용히 되돌아와, 그의 양아버지였던 보루 왕에게 정식으로 항복했다. 기가 꺾인 바이킹 시트류크는 전통에 따라 보루 왕에게 충성을 맹세하며, 자신의 몇몇 백성들을 볼모로 넘겨주며 항복을 확인시켜주었다. 아일랜드의 어느 법전에는, "무릇 군주라면 족쇄를 채운 볼모가 있어야 한다"고 되어 있다. 오랜 기간 자존심을 지켜왔던 군주인 보루 왕이 놓칠 리 없는 문구였다. 시트류크 자신의 가족이라면, 먼스터 왕 브라이언 보루에게 가장 확실한 볼모라고 할 수 있었으며, 이는 볼모가 가깝고 소중할수록 약속은 더욱 확실하게 보장된다고 여겼기 때문이다.

더블린은 얼마 지나지 않아 전쟁의 잿더미에서 복구되었다. 보루 왕의 시대에 더블린 시는 이미 상당한 부를 축적한 도시였는데, 이는 보루 왕의 병사들이 더블린을 불태우기 전에 약탈해온 물건들을 보면 알 수 있다. 만약 먼스터 병사들이 약탈을 잠시 멈췄더라면, 더블린이 이미 국제 교역의 중심지로 발전해가던 도시였음을 알 수 있었을 것이다. 더블린에는 바이킹 정착민들이 좋아했던 바지를 입은 상인들이, 도처에 있는 바이킹 세계에서 들여온 물건들을 팔고 있었다. 보루 왕의 병사들이 AD 1000년 새해 전투에서 승리하여 가져갔던 금과 은, 포도주의 상당수는 스웨덴, 이탈리아, 동로마 제국 등과 같이 광범위한 지역들에서 들여온 것들이었으나, 당시의 상황에서 병사들은 전리품의 원산지 따위에는 별 관심이 없었을 것이다.

리머릭, 워터퍼드, 코크 등과 같은 아일랜드 해안을 따라 세워진 다른 바이킹 정착 도시들과 마찬가지로 더블린 경제의 활력의 근원은 무역과 제조업이었다. 또한 문화적으로는 초기 바이킹 정착민의 후손들이 점차 아일랜드 사회에 융합됨에 따라, 바이킹의 영향력이 줄어들고 있었다. 물론, 더블린 사람들의 선조가 아일랜드 인이냐 바이킹 족이냐 하는 것이나, 그들의 생업이 무엇이냐 하는 것은 보루 왕에게는 그다지 중요한 사실은 아니었다. 그에게 있어 중요한 것은 그들이 상위 군주인 자신의 권위에 감히 도전했다는 사실이었다. 보루 왕이 글렌마마에서 마일 모르다와 시트류크 연합군에 승리를 거두었지만, 그는 이미 더 높은 자리, 즉 대왕의 자리에 눈독을 들이고 있었으며, 그와 함께 아일랜드 전체를 확실히 장악하고 싶어했다.

보루 왕이 권좌에 오른 것은 글렌 협곡 전투가 있기 약 20년 전인 976년이었다. 아일랜드 서남부에 위치한 달카이스 왕국의 군주로서 형의 보위를 물려받은 후, 형의 복수를 시작으로 먼스터 전역을 적의 피로 물들였다.

먼스터는 피프스로 알려진 아일랜드의 5대 역사적 지역들 가운데 하나로서, 나머지 지역은 렌스터, 얼스터, 코노트, 그리고 미스였다. 각 지역들은 약 150개 정도의 투아타(túatha), 즉 왕국들로 이루어져 있었으며, 이들 왕국은 달카이스 투아타처럼 그 특성과 구조에 있어서 원래는 부족적 성격을 띠고 있었다. 8세기까지는 각각의 투아타에 군주가 존재했는데, 이것은 '왕이 없으면 투아타가 아니다'라는 고대의 격언과 일치했다.

이 시기, 투아타의 왕은 아일랜드 군주제에 있어서 최하위 군주에 속했다. 투아타 군주들의 세력은 상당했으나, 그 권력은 제한적인 것이었다. 말하자면, 그들은 자신들의 백성들을 전투에 동원할 수는 있었으나, 다른 왕국에서 모집한 군사들에 대한 명령권은 대개의 경우 없었다. 또한 그들은 오아낙(oénach), 즉 투아타의 지역모임을 주재할 수는 있었으나, 전시나 페스트가 창궐하는 시기와 같이 특별한 경우가 아니면 법령을 반포할 권한도 없었다.

더욱이 투아타의 왕들은 그들이 왕으로 있는 지역의 부족의 토지를 소유하지 못했다. 그들은 오히려 일반 백성들과 같은 농사꾼에 가까워서, 그들의 재산은 가축의 수나 그들이 개인적으로 경작하던 경작지의 면적을 통해서 대체로 알 수 있었다.

각각의 투아타 군주들은 느슨하게 서열이 매겨진 군주제 내에서 존재했다. 아일랜드 법전은 투아타의 군주보다 더 높은 두 등급의 군주를 구분하고 있었다. 그중 하나가 루리(ruiri), 즉 '위대한 왕'으로서, 이들은 자신이 속한 투아타의 군주가 될 뿐만 아니라, 서너 곳의 다른 투아타들도 통치했다. 나머지 하나는 리루레크(rí ruirech), 즉 '위대한 왕 중의 왕'으로서 한 지역의 군주였다. 그러나 이러한 군주들과 그들이 통치하는 부족들간의 유대관계는 본질적으로는 제도적인 것이라기보다는 개인적인 것이었다. 복종의 의사 표시는 볼모나 공물을 통해 이루어졌다.

8세기에는 강력한 군주들과 가문들이 부상하여, 그들이 기존 구도에 도전해옴에 따라 정세가 극적으로 변하기 시작했다. 이에 따라 개별 투아타의 독립성이 사라지기 시작했는데, 그것은 오닐 왕조 같은 왕조들이 그들이 정복한 지역에 직접 통치권을 행사했기 때문이다. 보루 왕의 시대가 도래하자, 이미 상당수의 투아타는 완전히 사라졌거나 정복 군주들과 제휴해서, 투아타를 통치하던 군주들은 더 이상 군주로서 간주되지 않았고 티유르나(tigerna, 영주) 혹은 테샤크(tuísech, 지도자)로 불렸다(테샤크(taoiseach)는 오늘날 아일랜드 총리를 가리키는 단어다).

브라이언 보루 왕은 이러한 변화로 이득을 본 군주였다. 달카이스는 원래 힘이 없는 투아타로서, 먼스터에서 널리 지배할 만한 땅도 없었다. 그러나 보루와 선대 군주들의 군사적 통찰력이 결합하여 달카이스를 전혀 다른 궤도에 올려놓았다. 묘하게도 보루 왕의 성장 요인들 가운데 하나는 아일랜드 내 바이킹의 존재였다. 전설에 따르면, 그가 아일랜드에서 영원히 바이킹을 쫓아냈다고 한다. 바이킹의 도시들은 엄청난 부와 군사력의 원천이었다. 그들은 강력한 동맹세력이 될 수도 있었으며, 약탈이나 노획의 대상이 될 수도 있었다. 보루 왕은 가능한 모든 방법으로 그들을 활용했으며, 그의 전략은 성과를 거두었다. 그가 대왕에 등극하기 전까지는 아드리(ard-rí), 즉 '대왕(high king)'의 자리는 제도적으로 실재한다기보다는 이론적인 가능성에 더 가까웠다. 브라이언 보루는 그 모든 것을 바꾸어놓았다.

보루 왕에게 976년에서 988년까지는 더없이 중요한 시기였다. 이 12년 동안 그는 자신이 태어난 먼스터의 언덕과 숲에서 과감히 진군하여, 이웃한 렌스터, 코노트, 미스 지역을 쳐서, 필요에 따라서 인명을 살상하기도 하고 가능하다면 약탈도 자행했으며 여건이 허락하는 대로 볼모를 데려오기도 했다.

보루 왕 이외에도 이 시기에 왕국 확장을 시도했던 군주가 있었으니 그가 바로 타라의 왕이자 강력한 오닐 왕조의 수장이었던 마일 셰크닐이었다. 그는 야심에 관한 한 보루 왕 못지않았으며, 보루 왕이 이룬 위업에 큰 관심을 가졌다. 그는 먼스터 왕 브라이언 보루에게 자신의 위용을 과시하려고 마음먹었다. 그는 982년 자신의 지역인 미스에서 군대를 이끌고 달카이스 왕국으로 들어가, 달카이스 투아타의 왕이 보위를 물려받는 장소로 행진하여, 악명 높은 도발행위로서 그곳의 신성한 나무를 베어버렸다.

보루 왕은 얼마 동안 반격하고픈 욕구를 억눌러야 했다. 사실, 다음 2년에 걸쳐 이 두 군주는 서로 경원하면서도 꾸준히 자신들의 세력을 확장해갔다. 보루 왕은 자신이 아직 마일 셰크닐 왕의 적수가 아니라고 여긴 듯했으며, 마일 셰크닐 왕은 보루 왕의 그러한 믿음을 굳이 시험하려들지는 않았다.

한편, 역사기록이 신뢰할 만한 것이라면, 두 군주 사이에는 또 다른 예기치 못한 갈등의 불씨가 생겼다. 그것은 고름라드라는 한 여성 때문이었다. 고름라드 왕비는 당시 더블린의 바이킹 왕이었던 압리브 쿠아로인의 아내였으며, 그들의 아들이 바로 시트류크였다. 아름다우면서도 사악했던 고름라드는 980년에 일부러 마일 셰크닐에게 납치되어, 곧 그의 아내가 되었다. 그로부터 약 5년 후, 그녀는 새 남편을 버리고 다른 남자와 도망을 친 것으로 전해진다. 그 남자가 다름아닌 브라이언 보루였다.

988년에 고름라드의 당시 남편과 옛 남편이 전쟁을 벌였다. 대선단의 선두에서 섀넌 강을 거슬러갔던 보루 왕은 자신의 군대를 마일 셰크닐의 왕국 깊숙이 침투시켰다. 그러나 보루 왕의 기습 효과는 오래가지 못하여, 이듬해 타라의 왕 마일 셰크닐이 먼스터로 진출함으로써 장군멍군이 되었다. 이런 식으로 두 사람은 수년간에 걸쳐 대결을 벌였고, 한쪽이 공격하면 다른 한쪽이 슬쩍 피하여 김을 빼놓다가, 마침내 브라이언 보루가 우위를 점하게 되자 마일 셰크닐이 대화를 요청했다.

두 군주는 997년에 코노트의 클론퍼트 부근에서 만났는데, 중립 지역을 선택한 것은 두 사람 중 어느 한쪽의 지역에서 만나게 되면, 찾아가는 쪽이 항복하러 가는 것으로 오인될 수도 있었기 때문인 듯하다. 이곳에서, 50대 후반이지만 피를 보겠다는 욕망이 여전히 눈에서 이글거렸던 브라이언 보루와, 17년간 타라의 왕좌에 있었으며 수많은 전투에 참가했던 마일 셰크닐은, 그들이 전장에서 승리를 위해 싸워왔던 것만큼이나 한 치의 양보도 없이 휴전협상에 임했다. 마침내 두 군주는 볼모를 서로 맞교환한다는 조건으로 '상호화평' 의 결론에 도달했다. 그 대가로 마일 셰크닐은 '전쟁을 하지 않으며 브라이언 보루가 점령하지 않는다' 는 조건으로 아일랜드의 북쪽 절반을 차지했고, 보루 왕은 아일랜드의 남쪽 절반을 제약 없이 다스릴 수 있었다.

그로부터 2년 후 보루 왕이 글렌마마에서 시트류크와 마일 모르다를 격파한 것은 아일랜드 남부에서 그의 통치권을 행사하는 차원이었다. 브라이언 보루에게는 이때가 전성기였다. 드디어 그의 최종 목표인 아일랜드 전체를 지배하는 왕권이 손에 잡히는 듯했다. 1002년에 그는 타라의 왕 마일 셰크닐에 맞서 군사를 일으켰다.

"여건이 허락했다면, 나는 그대를 쳤을 것이오."

현재 일부 역사가들은 애슬론에서 두 사람간의 최후 회동이 있었다고 보는데, 애슬론은 마일 셰크닐 왕이 브라이언 보루 왕의 공격에 맞서 섀넌 강의 방어시설을 설치한 곳이다. 그러나 보루 왕의 후손들이 쓴 글에 따르면, 두 사람이 마주쳤던 곳은 애슬론이 아니라 타라의 왕궁이었다고 한다. 그들에 의하면, 타라의 왕궁에서 마일 셰크닐 왕은 자신에 맞서 모여 있는 보루 왕의 군대를 초조하게 지켜보며, 보루 왕이 그에게 강요한 선택, 즉 끝까지 싸울 것이냐 즉시 항복할 것이냐를 두고 다시 한번 숙고했다고 한다. 현명하게도 그는 시간을 벌었다. 마일 셰크닐 왕은 한 달만 시간을 끌면 충분히 거병을 하여 강력한 적군인 보루 왕의 군대에 맞설 수 있으리라 생각했고, 불공평하게 유리한 위치에 서고 싶지 않았던 보루 왕은 그 제의를 수락했다.

한 달이라는 시간이 지났으나 상황은 별로 달라진 것이 없었다. 같은 편들 중에서 도와주겠다고 나서는 자들이 없었던 마일 셰크닐 왕은 자신의 오닐 가 친척들로부터도 거의 지원을 받지 못했다. 오닐 가 사람들은 어리석지 않았다. 먼스터의 위협에 대한 오닐 가의 반응을 한 역사기록은 다음과 같이 적고 있다. "그들은 달카이스 군대가 그들을 앞에 두고 물러서지 않을 것이며, 그들 또한 달카이스 군대를 앞두고 물러서지 않을 것이라는 점을 알았다. 또한 그들은 일단 전투에 참가하게 되면 서로를 죽이게 되리라는 점 역시 잘 알고 있었다."

마일 셰크닐 왕에게는 선택의 여지가 없었다. 그는 자신의 애마에 올라 얼굴에는 전혀 실망감을 드러내지 않은 채 타라에 있는 보루 왕의 진영으로 향했다. 그의 앞뒤로 약 200명의 기병이 호위했으며, 그의 안전을 보장해 주는 것이라고는 그가 적의 신의를 믿는다는 사실뿐이었다. 그러나 마일 셰크닐 왕과 기마대가 별탈 없이 보루 왕의 진영으로 들어가 그의 막사 앞에 말을 멈추자, 그의 믿음이 옳았음이 입증되었다.

말발굽 소리와 말들의 거친 숨소리가, 막사를 나와 마일 셰크닐 왕을 맞이하려던 보루 왕의 주의를 끌었다. 경직되었으나 따뜻하게 두 군주는 서로 인사를 나누었다. 마일 셰크닐 왕은 곧바로

정교하게 장식된 청동 말 재갈(위의 사진)은 아일랜드 왕이나 귀족의 마차를 끌었던 말에 물렸던 것으로 추정된다. 켈트 족은 말을 무척 소중히 여겼으며, 전쟁, 일, 경주 및 운송수단용 말을 구분하여 길렀다. 말과 말 탄 자를 그린 아래 그림은 9세기 초의 〈켈스의 서〉에 등장하는 것이다.

본론으로 들어갔다. "여건이 허락했다면, 나는 그대를 쳤을 것이오." 그러나 계속 말을 이어가는 동안 그의 얼굴에는 비정함이 어렸다. 그가 오닐 가의 지원을 얻지 못함으로써 보루 왕에게 항복하고 볼모를 넘겨주는 것 외에는 달리 선택의 여지가 없었다.

전투를 갈망했던 보루 왕은 처음에는 마일 셰크닐 왕의 항복을 받아들이려 하지 않았다. 보루 왕은 양손을 깍지를 낀 채 한 손의 엄지손가락으로 다른 손 엄지손가락을 쓰다듬으며 휴전이 어떻겠느냐고 물었다. 1년 정도의 휴전이 좋겠다고 그는 덧붙였다. 1년이면 군대를 북쪽으로 돌리기에 충분한 시간이었다. 1년이면 보루 왕이 그와의 충돌을 피하려 애썼던 오닐 가의 전사들을 무찌르기에 충분한 시간이었다. 사태를 이쯤에서 마무리하길 간절히 원했던 마일 셰크닐 왕은 보루 왕을 설득했고, 240필의 군마를 내놓겠다는 제안을 했다. 240이란 숫자는 자신이 거느린 기병의 수와 일치했다.

패자가 승자에게 내놓는 다른 것들과 마찬가지로, 마일 셰크닐 왕이 내놓은 군마도 패자의 항복을 확인시켜주는 것이었다. 마일 셰크닐 왕은 보루 왕과 마찬가지로 이 점을 잘 알고 있었다. 타라 왕 마일 셰크닐을 호위했던 기병들 역시 이 점을 잘 알고 있었으며, 그들은 보루 왕에게 바칠 말들을 쳐다보며 보루 왕의 승리를 인정하려들지 않았다.

초대한 자의 기분을 상하지 않게 하고 협정을 깨뜨리지 않기 위해서, 마일 셰크닐 왕은 즉시 말 240필을 보루 왕의 아들 머처드에게 선사했다. "그들은 그후 평화롭게 서로를 축복하며 헤어졌고, 각자의 왕국으로 돌아갔다"고 마일 셰크닐 왕측의 사료에는 기록되어 있다.

이로써 마일 셰크닐 왕은 사실상의 아일랜드 대왕이자 타라의 왕에서 미스 지역의 군주로 격하되었다.

보루 왕은 마일 셰크닐 왕이 항복함으로써 오닐 가의 한 분가를 다스릴 수 있게 되었다. 과거 자신에게 엄청난 성공을 가져다주었던 것과 같은 용기와 침착함을 보여주며, 먼스터의 보루 왕은 때를 기다리다가 두 차례의 실패를 경험한 후 북으로 진격하여 오닐 왕조의 얼스터 분가를 무찔렀다. 1006년에 보루 왕은 자신이 오를 것이라 믿어 의심치 않았던 아일랜드 대왕의 자리에 등극했음을 선포했다.

이제 보루 왕은 여러 하위 왕국들을 둘러보며 각각의 왕국에서 볼모를 데려와 공식적으로 그들의 항복을 확인하려고 마음먹었다. 새로운 아드리인 브라이언 보루 왕은 돌아오자마자 그의 승리를 기념할 연회를 베풀도록 명했으며, 섀넌 강변에 위치한 킨코라의 왕궁 대연회장에서 연회가 베풀어졌다.

트럼펫 소리가 보루 대왕의 연회가 시작되었음을 알렸다. 연회가 타라에서 베풀어졌으므로 왕과 그가 초대한 신하와 백성들이 줄지어 모여들어 각자의 자리에 앉았다. 아마도 수백 명의 사람들이 참석했을 것이며, 그들에게 계속 음식과 술 등을 내어다준 술 따르는 사람과 집사, 하인들도 수백 명에 이르렀을 것이다. 연회가 무르익을 즈음, 보루 대왕을 수행했던 자들의 일원인 시인들, 즉 필리드들(filidh)이 그 연회를 위해 특별히 지은 시로 대왕을 찬양했다. 보통 그러한 시들은 왕의 선조들을 노래했으며, 왕의 육체적인 완벽함과 남자다운 용기뿐만 아니라, 전장에서의 지혜와 용맹스러움을 기렸다.

필리드들은 특별한 경우에 어울리는 시를 즉석에서 지었을 뿐만 아니라,

한 투아타의 구전을 담고 있는 살아 있는 보고였다. 따라서 보루 대왕과 내빈들은 타라의 전설적인 왕들의 위업을 노래하는 시들을 듣고 싶어했을 것인데, 아일랜드의 모든 왕들 가운데 으뜸으로 칭송되는 왕이 코르막 맥 에어트였다. 따라서 이번에도 지명된 시인이 일어나 코르막 대왕의 전설을 노래했다. 웃음소리가 가득하고, 꿀술에서는 향긋한 꿀 냄새가 진동하는 가운데, 보루 대왕은 탁자에 먹다 만 고깃덩어리들이 넘쳐나는 모습과 술 따르는 사람들이 술잔을 채우는 모습을 내려다보고 있었다. 만약 후한 접대가 왕의 명예를 재는 척도라면, 이 연회는 아일랜드의 새로운 대왕에 어울리는 것이라고 보루 왕은 생각했을지도 모른다.

홀이 조용해지자, 대왕은 시인에게 주목하며 시의 첫 구절에 귀기울였다. "그날부터 오늘에 이르기까지 코르막 왕만큼 유능하고 현명한 왕이 나라를 다스린 적이 없었다네." 시인은 보루 대왕이 코르막 대왕보다 더욱 훌륭할 수도 있다는 가능성을 의도적으로 남겨두며 이와 같이 첫 구절을 읊조렸다. 그리고는 코르막 왕의 출생에서부터 이야기를 이어갔는데, 코르막 왕은 그의 아버지인 에어트 왕과 어느 드루이드 사제의 딸과의 밀애로 태어났다고 한다. 드루이드 교 사제인 올크 에에체가 그의 아름다운 딸 악톤에게 말했다. "왕과 동침하거라. 그러면 아이가 생길 것이다. 아이를 지켜라. 그는 자손을 남기지 않으리니, 네가 낳는 아이가 아일랜드 대왕이 되어 최후의 날까지 아일랜드를 다스릴 것이다."

악톤은 아버지의 말씀을 가슴에 새겼고, 아홉 달 후 아들을 낳았는데 그녀는 아이의 이름을 코르막이라 지었다. 그녀의 아버지는 5개의 보호 띠를 만들어 손자의 몸 위에 가져다놓았다. 그 띠들은 아이를 살인, 익사, 화재, 마법, 늑대의 공격으로부터 영원히 지켜주는 것이었다.

그럼에도 불구하고 어머니가 잠든 사이에 암컷 늑대 한 마리가 아이를 낚아채서 늑대새끼로 길렀다. 그러나 운좋게 코르막은 어느 사냥꾼에게 구출되어 결국 어머니의 품으로 돌아왔다. 그후 모자는 아일랜드 북부지역으로 갔고, 그곳에서 악톤은 코르막을 아버지인 에어트 왕의 양아버지 페에아크나 카산에게 맡겼다. 에어트 왕이 전장에서 전사한 지 얼마 지나지 않은 때였다.

30년이 흐른 후 코르막은 아버지의 옷 중 가장 멋진 옷으로 무장을 하고 아버지의 검을 들고 혼자서 타라로 출발한다. 타라에 도착하자마자 그는 한 가난한 미망인을 만나게 되는데, 그녀는 코르막에게 자신이 처한 어려움을 털어놓는다. 그녀의 양 한 마리가 왕비의 정원으로 달아나서 정원의 채소들을 망쳐놓았다는 것이다. 그 결과, 루구드 맥 칸 왕이 그녀가 기르던 가축 모두를 왕비에게 바치라고 명했고, 그 판결로 인해 미망인은 생계가 막막해졌다는 것이었다. 그 미망인의 처지를 이해한 코르막은 루구드 맥 칸 왕과 대면하여 그의 잘못된 판결을 꼬집었다.

"그럼 그대는 어떻게 해야 공정한 보상이 된다고 보는가?"

루구드 왕이 경멸조로 다그쳤다.

"제 생각으로는 양이 먹어버린 채소는 양모로 보상해야 한다고 봅니다. 왜냐하면 양모와 채소는 다시 자라날 것이며, 따라서 당사자들은 시간이 지나면 자신들의 피해를 잊게 될 것이기 때문입니다."

코르막은 침착하게 대답했다.

그날 루구드 왕의 신하들은 코르막이 제안한 보상법이, 양이 정원을 갉아먹은 대가로 양털을 깎는 것이라고 생각했다. 이보다 더 공정한 판결이 있을까? 그 자리에 있던 모든 사람들이 코르막의 지혜에 놀라움을 표시했다. 늙은 왕 루구드조차 "왕이 내릴 법한 판결이군!"이라며 놀라워했고, 이 이방인이 죽은 에어트 왕의 아들이라는 사실을 알아차렸다.

이 전설은 몇 가지 형태로 전해지는데, 그중 한 전설에 따르면 코르막은 정체가 탄로나자 그 즉시 도망을 쳤으며, 루구드 왕이 살해된 이후에야 되돌아와 왕좌를 차지했다고 한다. 또 다른 전설에서는, 루구드 왕이 자신보다 젊은 코르막의 탁월한 심판에 경의를 표하며, "짐의 시대는 끝났다"고 선언하며 그 자리에서 퇴위한 것으로 전해진다.

시인은 이쯤에서 잠시 이야기를 멈추고 청중들이 나무잔을 마저 비울 시간을 주었을 것이고, 그 자신도 목을 축였을 것이다. 그러나 홀 주위를 한번 둘러보고는 청중들에게 코르막과 루구드의 이야기에 감추어진 참뜻을 상기시켜 줄 필요가 없음을 알게 되었을 것이다. 그들 모두는 무릇 성군이란 피어 플라투웬(fír flathemon), 즉 '왕의 진리 혹은 정의'를 행사해야 한다는 점을 잘 알고 있었을 것이기 때문이다.

코르막의 몸 위에 그의 외할아버지가 놓아준 보호 띠들처럼, 왕의 진리는 전쟁과 기근, 역병 등과 같은 모든 악을 막아준다고 믿었다. 따라서 성군이 이끄는 투아타 전체는 평화와 번영, 온화한 날씨, 대풍 등을 기대할 수 있었다. 코르막 맥 에어트 왕이 통치했던 아일랜드가 바로 그러했다고 전해진다. 역사기록들은 다음과 같이 전하고 있다. "그 왕이 통치하던 시대에는 세상이 온통 선함으로 가득 차 있었다. 산과 들에는 열매와 곡식이, 바다에는 물고기가 넘쳐났다. 평화와 여유로움과 즐거움이 있었다. 그 당시에는 살육도 약탈도 없었으며, 모든 백성들이 조상의 땅에서 살았다."

이와는 달리 폭군이 백성들을 다스리게 되면

음악 연주
이 그림은 12세기 필사서에 등장하는 것으로, 한 여성이 한 쌍의 막대기를 이용하여 아일랜드 설화에서 자주 언급되는 팀판(timpán)으로 보이는 악기의 현을 뜯고 있다. 현악기 연주자들은 왕의 수행자의 일원으로 여겨졌으며, 그들을 후원해주는 왕가를 위해 연회나 궁정 행사에서 연주했다. 또한 수를 놓으며 음악을 즐겼던 귀족여성들의 가정에서는 여성 연주자들이 악기를 연주했다.

많은 재앙이 발생하여 결국에는 권좌에서 물러나야 했다. 코르막과 루구드가 등장하는 어느 전설에 따르면, 루구드가 그 미망인에 부당한 판결을 내린 후 1년간 왕좌에 머물러 있었는데, 그 기간에는 "땅에서는 풀이 돋지 않았고, 나무에서는 잎이 자라지 않았으며, 곡식에는 낟알이 생기지 않았다"고 한다. 백성들에게 있어서 해결책은 명백한 것이었다. "그러자 아일랜드 사람들은 그가 그릇된 왕이었으므로 그를 왕좌에서 쫓아냈다"라고 전설은 전하고 있다.

시인은 중단되었던 시를 다시 읊조리며 이야기를 이어나갔다. 그는 성군 코르막은 결코 루구드와 같이 행동하지 않았을 것이라고 단언한다. 백성들의 대부분이 큰 어려움 없이 살았다는 점에서 코르막은 본보기가 되었으며, 모든 점에서 "후덕했고, 공정했으며, 완전무결했다"고 한다. 시인은 성군 코르막의 인품을 자비와 공정, 올바름, 관대, 따뜻함, 달변과 같은 단어들을 나열해가며 들려주었다.

아일랜드 군주의 자리는 신성한 것이므로 최고 군주는 신체가 온전하며 덕을 갖추어야 한다는 점도 언급했다. 신체적 결함은 판결에서의 흠결과 마찬가지로 폐위의 명분이 되었는데, 이것은 7세기 타라의 어떤 왕이 벌에 쏘여 한쪽 눈을 실명하자 폐위된 이유를 설명해준다. 더욱 불운했던 경우는, 왕권을 두고 경쟁관계에 있던 자의 손에 고의적으로 신체 일부가 훼손되어(눈을 멀게 하거나 거세시키는 방법이 즐겨 사용되었다) 폐위된 군주들이었다. 또한 군주나 그 후계자가 살해당한 것이 분명한 경우에는 그들을 살해한 자는 군주가 될 수 없었으나, 실제로는 군주를 살해한 자들 중 상당수가 그들의 손에 전임 군주의 피를 묻힌 채 왕위에 올랐던 듯하다.

시인은 계속해서, 왕과 대지의 여신 간의 혼인을 상징하는 의식을 치르며 코르막이 어떻게 타라 왕으로 즉위했는지를 이야기했을 것이다. 사람들은 그러한 결합의식이 왕국과 백성의 번영을 보장해준다고 믿었다. 후세의 어느 역사기록자에 따르면, 북부의 오닐 가 출신의 일부 왕들은 결합의 완성을 문자 그대로 받아들여, 백성들이 지켜보는 가운데 흰 암말과 짝짓기를 했다고 한다. 12세기 후반에 웨일스의 제럴드는 "그리고는 암말을 즉시 죽여서 여러 조각으로 잘라 물에 넣고 끓였다"고 썼다. 새 왕은 이번에도 백성들 앞에서 이 묽은 수프로 목욕을 하며, 끓인 말고기를 먹고 그가 몸을 담갔던 바로 그 수프를 마셨다. "이러한 의식이 끝나면 그는 왕의 자리와 통치권을 물려받았다"고 제럴드는 끝을 맺는다.

다른 왕들과 마찬가지로 코르막 왕도 일련의 세부적인 제약을 받았을 것이다. 이러한 일부 제약은, 왕이란 어떤 경우에도 그 직분의 위엄에 맞게 행동하게 하기 위해 만들어졌다. 예를 들어, 왕은 평민들이 흔히 사용하는 연장인 삽이나 도끼를 사용하지 못하도록 되어 있었다. 또한 신들을 노하지 않게 하고 왕실의 불운을 막기 위해, 왕은 엄청나게 많은 금기사항을 항상 염두에 두어야 했다. 그러한 금기사항 중 하나를 살펴보면 다음과 같다.

"타라를 오른편에, 브레가를 왼편에 두고 지나가서는 안 된다. 타라 이외의 왕국에서는 9일 이상을 지내서는 안 되며, 일몰 후 집 밖의 불빛을 볼 수 있고 집 밖에서 내부를 들여다볼 수 있는 집에 묵어서도 안 된다."

이윽고 시낭송이 끝나자 시인은 측랑을 따라 자신의 자리로 돌아갔는데, 측랑에는 갑자기 브라이언 보루 대왕의 전사들로 가득 메워졌으며, 그들의 얼굴은 꿀술로 인해 달아올라 있었고 옆구리에는 칼이 철그렁거리고 있었다. 그러나 전장에서 잔뼈가 굵은 사내들도 시인을 조심스럽게 존경심으로 대했을 것이다. 특정 계급으로서의 시인은 여론 형성에 관한 한 왕에 버금가는 권력을 휘두르는 경우도 있었다. 더구나 그들은 초자연적인 힘을 지닌 것으로 여겨져 그 누구도, 심지어 왕조차도 그 결과에 대한 두려움 없이 시인과 맞설 수는 없었다.

시인들의 이 같은 권력에도 불구하고 아일랜드 사회를 좌지우지한 것은

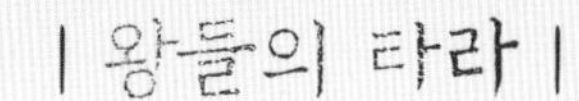

| 왕들의 타라 |

타라는 해발 150m가 약간 넘으며 주변 전원보다 90m 정도 높은 바람받이의 풀언덕으로, 얼핏 보면 그다지 구경거리가 없는 듯하다. 이 언덕에는 성이나 웅장한 건물은 없으며, 고분과 둑, 도랑, 큰 돌 몇 개가 모여 있을 뿐이다. 그러나 웅장함은 부족한 듯하지만, 테우우나 레에(Temair na Ríg), 즉 '왕들의 타라' 만큼 아일랜드 왕들의 과거를 잘 간직한 곳도 드물다.

둥근 모양의 정상에서부터 타라의 특색을 감상할 수 있다. 미스 평원에 자리잡고 있는 타라는 유럽 전체를 통틀어 가장 비옥한 목초지 일부를 내려다보고 있으며, 이 목초지는 사방 수km에 걸쳐 펼쳐져 있다. 타라의 풍광에 가장 잘 어울리는 것은 아일랜드의 역사로서, 그것은 이 유서 깊은 언덕과 그 부근을 배경으로 전개되곤 했다.

전설에 따르면, 투아타 데 다눈 족이 수천 년 전에 아일랜드를 침략했다. 그들은 포보르 족을 물리치고 타라로부터 아일랜드를 지배했으며, 그 언덕이 왕들의 자리로 알려진 이후부터 영원히 아일랜드를 지배하게 되었다고 한다. 켈트 족이 최초로 아일랜드에 왔을 때, 그들 역시 타라에 이끌렸다. 켈트 족은 언덕의 정상에서 고대의 무덤을 발견하고는 그곳을 자신들의 우주에 있는 초속적 세계의 입구라고 확신하여 타라를 성역화했다. 매년 켈트 족이 지배하던 아일랜드의 왕들이 그곳에 모여 겨울의 시작을 기념했다.

수세기에 걸쳐 아일랜드 역사의 많은 위인들이 타라와 인연을 맺었다. 중세의 이야기꾼들이 전하는 바로는, 3세기에 활약한 전설적인 코르막 맥 에어트 왕은 타라에 왕궁과 널찍한 연회장을 지었으며, 볼모의 언덕이라는 언덕 위에 포로들을 가두어두었다고 한다. 성 패트릭은

대관석(戴冠石)인 리아 포일 원석일 것으로 추정되는 이 돌은
타라의 언덕(맨 왼쪽 사진)에 왕관 모양으로 있는
고대 원형 누벽들 중 한 곳에 서 있다.

타라에 도착하여 아일랜드 이교와 맞닥뜨렸으며 드루이드 사제들의 권능에 직접 맞섰을 것으로 짐작된다. 또한 유력한 오닐 가가 그들의 권력 확장을 도모하며 타라의 왕권을 차지했다.

신화에 따르면, 타라를 통치하려는 자는 4가지 시험을 거쳐야 왕이 될 수 있었다. 왕의 마차에 오르되 말을 놀라게 해서는 안 되었으며, 마차를 몰고 두 장의 신판석을 통과해야 하는데, 판석들은 신기하게도 허락된 자가 통과하면 열리게 되어 있었다. 또한 드루이드 교 사제들이 간수해둔 특별한 망토를 입어서 몸에 꼭 맞아야 했으며, 리아 포일, 즉 '운명의 돌'을 만져서 그가 왕에 오르는 것을 허락하는 외침이 돌에서 흘러나와야 했다. 그런 다음에야 사람들은 아일랜드 전체를 통틀어 최고의 왕인 타라 왕으로 그를 맞이했다.

그러나 타라의 최초 이야기들과 관련된 전설이 8세기와 9세기에 걸쳐 기록되었는데, 그때는 이미 타라의 언덕이 오랫동안 방치되어 흙으로 된 누벽에는 잡초가 무성했다. 전설에 따르면, 6세기에 루아돈이라는 이름의 성자가 타라를 저주했다고 한다. 어떤 왕을 또 다른 왕이 죽인 것을 복수하기 위해서였는데, 이 성자는 타라를 '영원히 버림받은 땅이 되도록' 저주했다고 한다.

이 아름답게 주조된 청동 잔은 한때 유력한 켈트 왕들의 맥주잔으로 쓰였다.

타라에서는 이 청동 성물함에 새겨진 것과 같은 하프 연주자들을 흔히 볼 수 있었다.

그럼에도 불구하고 타라의 민간전승과 그 가문의 영향력은 살아남았다. 오닐 가는 500년 넘게 타라 왕의 칭호를 독차지해오다가, 브라이언 보루 왕이 그들의 지배를 끝장내고 아일랜드 대왕이 되려는 시도의 일환으로 타라에 대한 권리를 주장했다.

바이킹과 앵글로-노르만 침략자들 역시 신성한 타라 언덕 인근 지역에 정착했다. 그러나 그들은 본거지 확보를 위해 다른 곳으로 눈을 돌려, 타라를 버리고 남쪽으로 약 30km 떨어진 곳에 위치한 더블린을 택했다.

이것은 중세의 것으로 타라에 있는 코르막 왕의 연회장을 서술하고 있다. 여기에는 참석자의 이름과 신분 목록은 물론이고, 그들에게 대접한 고기의 부위도 적혀 있다.

바로 왕이었다. 그러나 왕이 전능한 것은 아니어서 고도로 발달된 법률과 시인들, 드루이드 교 사제들이라는 만만찮은 식자층의 견제를 받았다. 왕의 자리는 행정적이거나 관료적 성격을 띤 자리는 아니었다. 그보다는 오히려 축제를 관장하는 즐거운 자리에 가까워서 다양한 역할을 담당했는데, 손님 접대와 다산, 정의를 관장했고, 전시에는 지도력을, 사냥에서는 용맹스러움을 과시하기도 했다. 이 모든 일을 수행함에 있어 그는 항상 왕답게 행동해야 했다.

그리고 그러한 왕의 역할은 법으로 정해져 있었다. 예를 들어, 왕권을 다루고 있는 8세기의 어느 법전에는, 일요일은 에일 맥주를 마시는 날로서 "일요일마다 에일 맥주를 금할 수 있는 권한이 군주에게 없기 때문이며, 월요일은 법무를 처리하는 날로서 투아타들간의 분쟁에 대해 판결을 내리고, 화요일에는 체스를, 수요일에는 그레이하운드 사냥을 구경하고, 목요일에는 부부관계를, 금요일에는 경마를, 토요일에는 재판을 하는 날이다"라고 되어 있

웨일스의 제럴드가 쓴 필사서인 〈아일랜드의 역사와 지리〉에 나오는 두 장의 그림은 왕의 즉위 의식을 보여주고 있다. 왼쪽은 왕으로 선택된 자가 흰 암말을 재물로 삼아 솥에 끓이려는 모습을, 오른쪽은 새 왕이 말 수프에 몸을 씻고, 신하들과 말고기를 나누어 먹고 있는 모습을 표현하고 있다.

다. 또한 그 옛날 영웅의 시대에는 왕의 역할이 서사시 〈토인 보 쿠링아(Táin Bó Cuailnge)〉, 즉 〈쿨리의 소도둑〉에 묘사되었는데, 그 시간까지 정해져 있었다. 얼스터의 코너 왕은 "하루 3분의 1은 (그의 양)아이들을 돌보았고, 3분의 1은 체스를 두었으며, 나머지 3분의 1은 에일 맥주를 마시다 잠들었다"고 한다.

그러나 보루 왕의 왕권은 코르막 맥 에어트 왕 시대와는 달랐고, 왕 자신도 그 점을 잘 알고 있었다. 무력보다는 지혜로(아마도 코르막 왕이 그랬을 것이다) 권좌에 오르는 것은 옛이야기가 되어버렸다. 전쟁이 그저 약탈행위와 비슷했던 시대도 끝나, 소를 빼앗거나 볼모를 데려오는 것보다는 장기전에 주력했다. 또한 대왕의 자리를 차지하기 위해 싸웠던 보루 왕은 이제 대왕의 자리를 빼앗으려는 자들로부터 그 자리를 지키기 위해 싸워야 했다. 11세기 초의 첫 10년간은 권력을 찬탈하려는 자들이 지속적으로 그의 권위에 도전해와 긴장의 끈을 늦출 수가 없었다. 더욱 염려스러운 것은 1012년 71세의 나이로 늙고 쇠약해진 그가 전면적인 반란의 시작이라는 상황에 대처해야 했다는 사실이다.

후세의 기록에 따르면, 당시 보루 왕이 어려움에 직면하게 된 것은 드셌던 고름라드 때문이었다고 한다. 보루 왕과 고름라드는 995년 이후 이혼한 상태였으나, 그녀는 그녀의 오빠이자 렌스터 왕이기도 한 마일 모르다에게 그녀의 전남편 보루 왕에게 굴종적인 모습을 보인다고 핀잔을 줌으로써 그를 부추기고 있었다. "아버지께서 보루 왕의 아버지에게 굽신거렸나요, 아니면 할아버지께서 보루 왕의 할아버지에게 굽신거렸나요?" 그녀는 마일 모르다 왕을 힐난했다. "물론 그렇지 않으셨죠. 그분들은 오빠와는 달리 남자들이었으니까요. 이제 틀림없이 보루 왕이 오빠를 짓밟은 것처럼, 보루 왕의 아들이 우리 조카를 짓밟을 거예요!"

그녀의 말은 다음날까지 마일 모르다의 자존심을 상하게 했으며, 다음날 보루 왕의 아들 머처드와 체스를 두면서 말싸움을 벌인 것이 불난 데 부채질을 한 꼴이 되어버렸다. 머처드는 마일 모르다가 글렌마마 전투 후에 주목나무에 숨어 있다가 발각된 이야기를 끄집어냄으로써 그를 더욱 비참하게 만들었던 것이다. 마일 모르다는 머처드의 말에 화가 치밀어올랐으며, 상처받은 자존심을 치유하리라 다짐하며 이를 갈았다. 모르다는 자신에 대한 모욕을 렌스터 전체에 대한 모욕으로 몰아가며 렌스터 사람들과 고름라드의 아들 시트류크에게도 보루 왕에 대한 복종을 철회하라고 설득했다. 이로써 보루 왕이 글렌 협곡에서 그들을 무찌르고 10여 년이 지난 후, 렌스터와 더블린의 왕들이 다시 한번 노골적으로 반기를 들게 된 것이었다.

이듬해인 1013년 보루 왕의 병사들은 렌스터를 유린했고, 9월경에는 더블린의 성벽에 이르렀다. 그때부터 성탄절까지 보루 왕의 군대는 더블린을 포위했고, 때가 되자 보루 왕은 병사들의 노고를 입증해줄 한 차례의 승전이나 한 사람의 볼모도 없이 병사들에게 막사를 걷고 집으로 돌아가라고 명령했다.

그러나 더블린을 방어하던 자들은 그저 맥을 놓고 아무것도 하지 않을 바보들이 아니었다. 시트류크와 마일 모르다는 지체 없이 바이킹과 아일랜드 혈족들의 지원을 확보하는 일에 나섰다. 시트류크는 오크니 제도의 백작을 직접 찾아가서 동맹을 맺었는데, 아마도 전투에서의 승리의 대가는 그의 어머니 고름라드와의 결혼과 더블린의 왕좌였을 것이다. 그리고 그는 맨 섬으로 건너가 브로디어라는 쇠락한 바이킹 기독교도에게도 같은 요청을 했으며, 제안한 내용도 오크니 제도의 백작에게 한 것과 같았다. 고름라드는 그의 아들에게 '그들이 어떤 요구조건을 내걸더라도' 브로디어와 그의 바이킹을 원군으로 만들어야 한다고 단호하게 말했던 것이다.

1014년의 종려성일 무렵에 시트류크는 기대했던 것보다 훨씬 성과가 좋았다고 생각했을 것이다. 수천 명 단위의 바이킹들이 그의 간청에 답하여 모여들었고, 그들의 배가 더블린 만과 리피 강의 모래 강기슭을 가득 메웠다. 브로디어가 거느리고 온 병사만도 1,000명이 넘었으며, 그들 모두는 머리에서 발끝까지 번쩍이는 철과 황동으로 중무장했다. 오크니 제도에서는 더 많은 원군들이 왔다고 전해졌으며, 프랑스와 웨일스, 스코틀랜드, 헤브리디스 제도에서도 마찬가지였다. 마일 모르다 왕은 여기에다 그가 아일랜드 내에서 동원한 3개 부대를 더하여, 결국 7개의 대부대가 보루 왕의 군대와 맞설 채비를 갖추었다.

늙었다고는 하나 보루 왕은 기습을 당할 사람이 아니었다. 아드리였던 그는 마일 셰크닐 왕이 지휘하는 미스의 군대뿐만 아니라, 먼스터와 코노트 전역에서 전사들을 소집했다. 그들은 또다시 더블린으로 행군하며 닥치는 대로 불태우고 약탈했으며, 그들이 지른 불이 그들이 향해 갔던 더블린의 방어자들에게 경고를 주며, 진군로를 표시해주었다. 이윽고 더블린 바로 북쪽의 언덕에서 불길이 치솟는 것을 보고 바이킹과 그들의 렌스터 동맹군은 더 이상 기다릴 수가 없었다. 그들은 보루 왕의 군대를 공격하기 위해 진군했다.

1014년의 성금요일 아침의 하늘이 맑았는지 구름이 끼었는지를 사람들은 기억하지 못하며, 바람이 고요했는지 미풍이 불었는지에 대한 언급도 없다. 그러나 전쟁사에서 클론타프 대전으로 기록되는 전투가 있기 전날 밤, 병사들의 꿈자리는 온갖 전조와 환영으로 뒤숭숭했다. 그들 중 하나였던 브로디어의 경우에는, 자신과 자신의 병사들이 뜨거운 피의 소나기에 데이고 쇠부리와 쇠발톱을 가진 듯한 갈가마귀 떼에 뜯어먹히는 꿈을 꾸었다. 멀리 스코틀랜드의 또 다른 바이킹은, 어떤 여성이 병사들의 잘린 머리를 실은 베틀에서 내장을 엮는 것을 보았다고 했다. 보루 왕 병사들의 잠자리도 편치 않기는 마찬가지였다. 보루 왕의 출신지인 달카이스에서 온 몇몇 병사들은 요정 같은 여성이 꿈에서 재앙을 예언했다고 한다. 일부 병사들의 꿈에는 죽은 수도사들이 등장하여 오래 전에 있었던 수도원 약탈을 배상하라고 요구했다고 전한다. 내일까지 돈을 준비할 말미를 달라고 하자, 수도사들은 내일이면 너무 늦게 될 것이라는 불길한 대답을 했다고 한다.

후세의 역사기록에 의하면, 보루 왕은 맥누엘두 벌판에서 밀물처럼 진격하는 자신의 군대를 바라보았으며, "빈틈없고 거대하면서도 일사불란한 전사들의 전투대형이 조용하고 소리 없이, 용감하고 당당하게, 일심동체가 되어 벌판을 가로질러 그들에게로 다가갔다. 그들의 머리 위에는 적색과 황색, 녹색 등 갖가지 색깔의 70여 개의 깃발이 나부꼈다"고 한다. 창들이 그들의 머리 위에서 번쩍였고, 몸을 보호하기 위해 손에는 방패를 들고 있었으며, "도끼와 칼이 살, 몸, 두개골을 자르고 난도질하며, 불구로 만들고 절단하도록 준비되어" 있었다고 전한다.

그러나 이 대군에 마일 셰크닐 왕의 병사들은 없었다. 전투 전날 밤, 마일 셰크닐 왕은 별안간 전투에 참가하지 않겠다는 의사를 알리고 그의 미스 군대를 철수시켰는데, 이로써 보루 왕이 그 이전까지 누렸던 수적 우위가 사라졌다. 이제 보루 왕의 군사들과 적군의 숫자는 비슷해졌으며, 73세의 보루 왕은 스스로 너무 늙어 전투에 참가할 수 없다고 판단하여 지휘권을 아들에게 넘겨주었으므로, 보루 왕이 전투를 지휘하지는 않았다. 보루 왕의 양아들이자 바이킹 왕 시트류크는 더블린에 남아 있기로 정해져, 전투에서 한층 더 먼 곳에 떨어져 있었다. 그는 더블린 시의 누벽을 초조하게 거닐며 전투를 지켜보았을 것이다.

"그후 전투가 벌어졌다. 서로 엉켜 다치고 소란스러웠으며, 유혈이 낭자하고 피비린내가 진동했으며, 끔찍하고 격렬하고 경쟁적이었다"고 클론타프 대전에 대해 어느 역사서는 기록하고 있다. 그날 아침과 오후 내내 전투가 지속되어, 무기끼리 부딪치는 소리, 몸과 머리가 으깨지는 소리가 절벽에서부터 동굴에 이르기까지, 숲에서 숲으로 메아리쳤으며, 어떤 때에는 피와 머리카락이 바람에 날렸다. 키가 크고 건장했던 브로디어는 '그 어떤 무기도 뚫을 수 없는' 갑옷을 입고, 길고 검은 머리카락을 허리띠 밑으로 집어넣고는 사슬갑옷을 입은 전사들을 지휘하며, 그들 앞을 감히 막아서는 모든 적들을 큰 낫으로 벴다. 그러나 해질 무렵이 되자 완전히 밀려 총퇴각한 쪽은 다름 아닌 브로디어의 바이킹 군대와 렌스터 병사들로서, 그들은 겁에 질려 있는 힘을 다해 허둥지둥 달아났으며, 더블린과 그들이 해뜰녘에 뭍에 올려놓았던 배로 무사히 되돌아갈 수 있기를 빌었다.

전투에 참가했던 바이킹 병사들 중 제일 먼저 도망쳐온 병사들이 더블린 만의 북쪽 해안에 도착했을 때, 놀랍게도 조수로 인해 그들의 배가 다시 바다로 떠내려가 있었다. 설상가상으로 보루 왕의 선발대가 그들의 측면에 접근하여 그들과 더블린 시 사이에 위치해 있었다. 이제 퇴각로는 한 방향뿐이었다. "따라서 그들은 마치 발정기의 암소 떼가 햇빛, 등에 및 벌레들을 피하여 달아나는 것처럼 바닷가 쪽으로 퇴각했다"라고 역사서는 쓰고 있다. 보루 왕의 군대에게 쫓겨 바닷가로 달아나던 많은 병사들이 살육되었으며, 그보다 더 많은 수가 무거운 갑옷으로 인해 핏빛 바다에서 익사하여, "그들은 육체의 감각과 지각이 단절된 채 끔찍하게 물 위에 떠 있었다"고 한다.

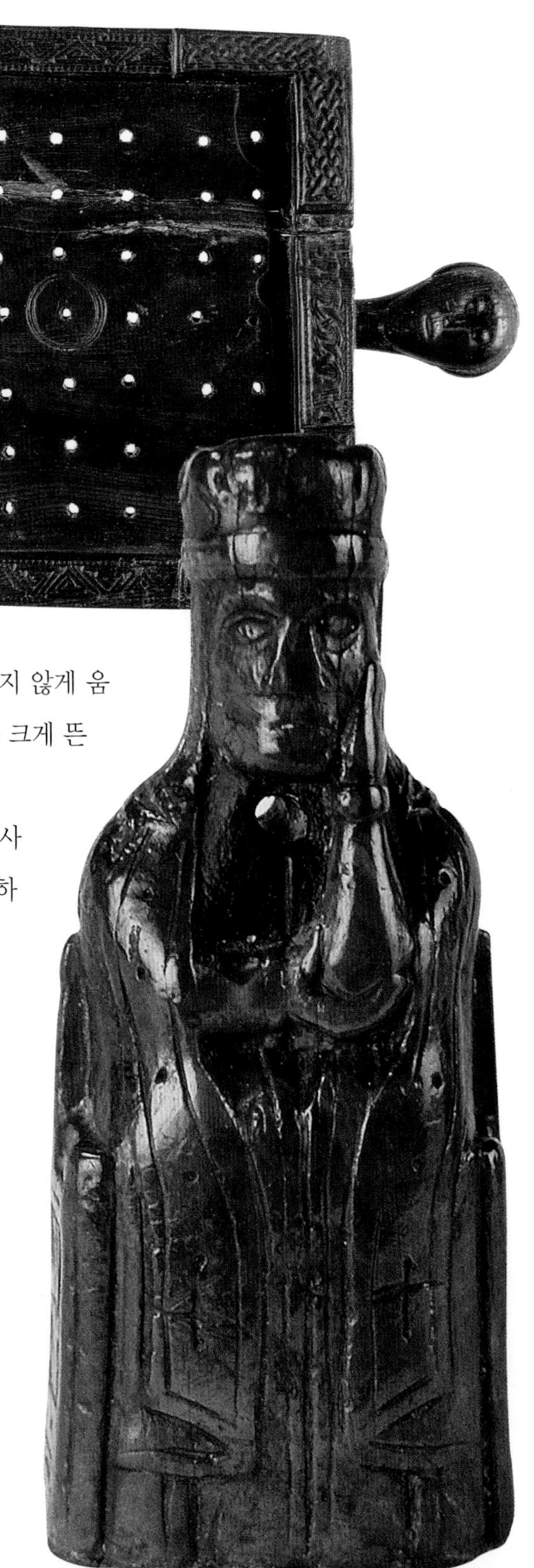

전투에 참가한 바이킹들 가운데 살아 도망친 자는 극소수에 불과했다. 그중에는 브로디어도 있었는데, 그는 아일랜드 병사들 틈을 헤집어 그들을 베어 쓰러뜨리고 근처의 숲으로 도망갔다. 갑옷을 입은 상태에서 최대한 들키지 않게 움직이며, 브로디어와 2명의 병사는 가슴을 졸이며 두려움으로 눈을 크게 뜬 채 숲을 미끄러지듯 도망쳐나왔다.

세 사람은 숲의 끝자락에서 잠시 멈추어 숨을 돌리고는 나뭇잎 사이로 주위의 동태를 살폈다. 뜻밖에도 그들은 그 숲에서 막사를 하나 발견했는데, 그 안에는 백발의 노인이 무릎을 꿇은 채 손에는 기도서를 들고 있었으며, 전사들이 둘러서서 방패로 벽을 만들어 그를 보호하고 있었다.

그 다음에 발생한 일은 화자에 따라 그 내용에서 차이를 보인다. 바이킹의 사가에 따르면, 브로디어는 잠시 동안 지켜보다가, 운명이 자신에게 부여한 역할을 서서히 깨닫고는 갑자기 행운을 떠올리게 됐다고 한다. 그는 그 노인이 보루 왕이 틀림없다고 생각하여, 한 손에는 이미 칼자루를 쥔 채 숲에서 뛰쳐나와 보루 왕의 막사로 돌진했다고 한다. 그러나 아일랜드 전설에 따르면, 브

여가 시간

왼쪽 아래의 작은 여왕 상은 상아나 뼈를 깎아 만든 것으로, 1100년대에 아일랜드 어느 귀족의 체스판 말로 쓰인 것이다. 왕관을 쓰고 높은 등받이의 왕좌에 앉아 있는 모습의 여왕 말은 체스의 수를 짜내기라도 하듯 뺨에 손을 대고 있다. 체스판 주인이 체스에 싫증이 났다면, 왼쪽 위의 것과 같은 바이킹이 그 기원일 것으로 추정되는 못박기 놀이를 했을 것이다.

아일랜드의 왕자나 귀족 자제들이 놀이만으로 시간을 보낸 것은 아니었다. 그들은 수영과 승마, 사냥, 무예 등을 익혔으며, 이런 것들은 귀족 남성들에게 적합하다고 여겨진 취미들이었다. 여성들은 천 짜는 법, 자수, 바느질 등을 배우며 살림살이를 익혔다.

로디어와 그 병사들은 막사를 지나쳐갔고, 무릎을 꿇고 있던 사람이 성직자라고 생각하여 별다른 관심을 기울이지 않았으며, 심지어 보루 왕 자신이 이 뜻밖의 위협에 대응하여 일어나서 칼을 뽑아들었다고 한다. 아일랜드 기록에 따르면, '브로디어는 그를 알아보지 못하고 지나치다가' 그와 함께 있던 2명의 병사 중 하나가 한때 보루 왕의 군대에 소속된 적이 있어서 그 노인이 보루 왕이라는 것을 알아보았다고 한다. 그러자 브로디어는 방향을 바꾸어 손에 칼을 뽑아들었다.

상황이야 어찌되었든 결과는 마찬가지였다. 3명의 바이킹은 용케도 방패벽을 뚫고 들어갔고, 브로디어는 막사로 돌진했으며 그의 칼은 보루 왕을 지키던 호위병의 피로 물들었다. "보루 왕이 브로디어를 발견하자 그를 노려보고는 칼로 내리쳐서, 왼쪽 다리는 무릎 아래가 오른쪽 다리는 발이 잘려나갔다"고 아일랜드 전설은 전한다. 브로디어는 숨을 깊이 들이쉬고는 칼을 힘차게 휘둘러 단칼에 보루 왕의 목을 베었다. 아일랜드 전설에 의하면, 보루 왕을 죽이고 자신의 임무를 마친 브로디어는 죽음을 기다렸는데, 그와 다른 2명의 바이킹은 아일랜드 전사들에게 얻어맞아 죽었다고 한다. 바이킹의 사가는, 브로디어는 끝까지 당당하여 "브로디어가 보루 왕을 쓰러뜨렸다고 전하라"고 소리쳤고, 왕실 호위병들이 그를 베었다고 한다.

보루 왕과 고름라드 사이에서 태어난 아들인 도나카가 렌스터 정벌에서 돌아와 아버지의 시신을 수습하고 왕좌에 오른 것은 부활주일 저녁이 되어서였다. 그의 이복형제인 머처드 역시 클론타프 대전에서 전사했다. 그때까지도 도나카는 클론타프의 처참함을 알지 못했다. 전장에는 주인 없는 무기가 널려 있었으며, 땅 위에는 추수한 곡물 다발처럼 죽었거나 죽어가는 병사들이 쓰러져 있었다. 그날 하루에만 1만 9,000명의 병사들이 전사한 것으로 추정되며 그들 중에는 양 진영의 왕과 족장들 대부분이 포함되었으나, 유일하게

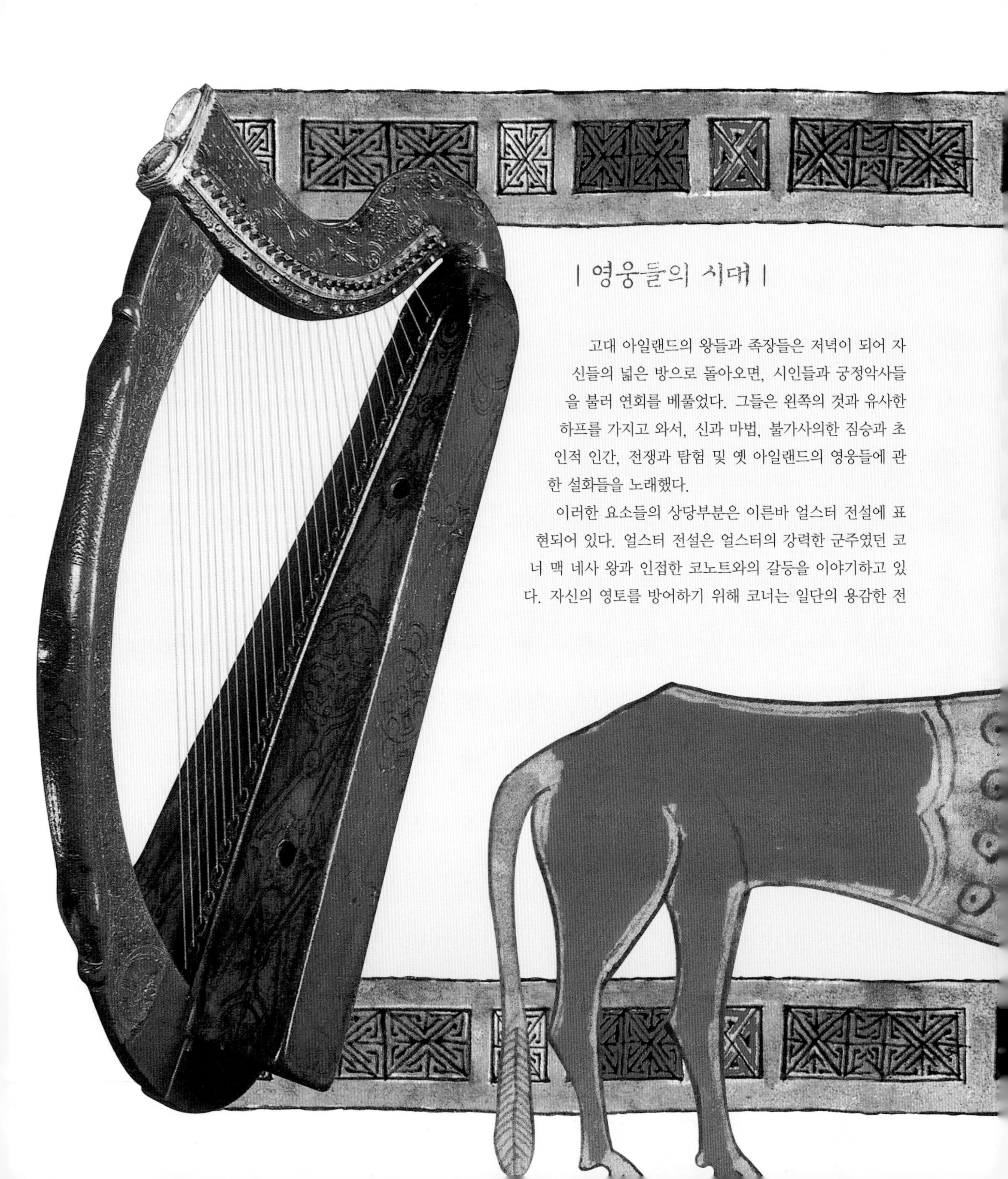

| 영웅들의 시대 |

고대 아일랜드의 왕들과 족장들은 저녁이 되어 자신들의 넓은 방으로 돌아오면, 시인들과 궁정악사들을 불러 연회를 베풀었다. 그들은 왼쪽의 것과 유사한 하프를 가지고 와서, 신과 마법, 불가사의한 짐승과 초인적 인간, 전쟁과 탐험 및 옛 아일랜드의 영웅들에 관한 설화들을 노래했다.

이러한 요소들의 상당부분은 이른바 얼스터 전설에 표현되어 있다. 얼스터 전설은 얼스터의 강력한 군주였던 코너 맥 네사 왕과 인접한 코노트와의 갈등을 이야기하고 있다. 자신의 영토를 방어하기 위해 코너는 일단의 용감한 전

사들을 불러모았는데, 그들 중 가장 유명한 이가 장사 쿠 훌인이었다.

아일랜드에서 가장 용맹스러운 전사로 묘사된 쿠 훌인은 신화에 등장하는 전사의 전형이었다. 초속적 세계에서의 그의 아버지는 루 신으로 알려졌는데, 그에게서 쿠 훌인은 초자연적인 힘을 얻었다. 이를테면 그는 전장에서 자신의 몸을 무시무시하게 변신시켰다. 근육이 부풀어올랐고, 살갗 속에서는 몸뚱이가 요동쳤으며, 한쪽 눈이 머리에서 불쑥 튀어나왔고 다른 눈은 해골 속으로 들어갔으며, 영웅의 빛이라고 알려진 황금빛이 그의 머리 주위에서 빛났다고 한다.

쿠 훌인의 용맹스러움은 얼스터 전설의 중심 이야기인 서사시 〈쿨리의 소도둑〉에서 찬양되고 있다. 이야기는 코노트의 여왕 메드브와 그의 남편 알일 사이에 누구의 재산이 더 많은가를 놓고 벌어진 다툼에서 시작된다. 재산을 비교해보니 한 가지를 제외하고는 둘의 재산이 같았다. 알일에게는 커다란 흰 황소가 한 마리 있었는데, 그 힘과 사나움은 얼스터 쿨리의 갈색 황소만이 맞설 수 있었다. 메드브는 그 갈색 황소를 갖기로 결심하고 황소를 자신에게 달라고 요청했으나 거절당하자, 아일랜드 전역에서 군대를 소집하여 무력으로 그 황소를 차지하려 했다.

마차 여신의 저주를 받은 얼스터의 전사들은 위기 때에 알 수 없는 병에 걸려 고통받았다. 그래서 메드브 여왕의 군대가 얼스터로 쳐들어오자, 코너 왕과 그의 병사들은 전장에 나갈 수 없었으나 쿠 훌인은 예외였다. 신의 핏줄을 타고난 그는 마차 여신의 저주를 피할 수 있었던 것이다. 전차를 몰았던 로이그와 나란히 전차에 오르며, 쿠 훌인은 얼스터의 유일한 수호자로서 메드브의 군대를 맞이하러 나갔다.

아일랜드 시인들은 소도둑을 둘러싸고 시작된 전투에
어떻게 해서 아일랜드 전체가 휘말리게 되었는지를 즐겨 노래했다.
이 황소 그림은 12세기의 필사서에 등장하는 것이다.

그는 날마다 척후병과 기마병들을 죽여서 그들의 피 묻은 머리를 나뭇가지에 꽂아두며 침략군을 괴롭혔다. 밤이 되면 쿠 훌인은 전차를 타고 적진으로 쳐들어가 칼로 적들을 베었는데, 그는 전장에서의 격정을 지니고 있었으며 그의 머리 주변은 황금빛으로 빛났다.

메드브 여왕의 군사 수백 명이 죽었다. 일부 병사들은 쿠 훌인을 보기만 해도 놀라서 죽었다고 전해진다. 그의 머리카락은 곤두서 있었고, 몸은 요동쳤으며, 그의 벌어진 입에서 나온 울부짖음은 무시무시했으며, 그 지역의 모든 혼령들이 그와 더불어 울부짖었다고 한다.

결국 마차의 저주가 풀리기 시작했고, 코너 왕과 얼스터 전사들은 쿠 훌인을 도우러 갔다. 그러자 코노트의 군대는 전열이 흐트러졌고, 병사들은 도망쳤다. 뒤이은 혼란의 와중에 메드브 여왕은 쿨리의 갈색 황소를 차지하여, 그녀의 퇴각하는 군대와 더불어 몰고 갔다.

쿨리의 갈색 소는 낯선 코노트 땅을 보고는 세 번을 크게 울었으며, 알일의 흰 황소는 즉시 갈색 소에 도전했다. 두 황소는 밤낮을 가리지 않고 아일랜드 전체를 왔다갔다하며 서로 쫓고 쫓기면서 싸웠다. 아침이 되자 알일의 소가 갈색 황소의 뿔에 받혀 죽었다. 승리한 갈색 황소는 얼스터로 되돌아왔으나, 쿨리에 도착하자 황소의 커다란 심장이 큰 울음소리와 함께 터져서 황소는 죽게 되었다.

메드브는 쿠 훌인이 자신에게 안겨준 치욕스런 패배로 인해 그를 결코 용서할 수 없었으며, 7년 후 다시 군대를 이끌고 얼스터 국경으로 향했다. 이 병사들 중에는 루구드와 얼크라는 이름의 두 전사가 있었는데, 이들의 아버지는 쿠 훌인에 의해 죽었다. 이 두 사람은 마법사들의 도움을 받았으며, 마법사들은 마법의 창 세 자루를 만들어주며 각각의 창은 왕 한 명씩을 죽이게 될 것이라고 예언했다.

새로운 위기가 닥쳐오고, 옛날과 같은 저주로 인해 얼스터 전사들이 움직일 수 없게 되자, 다시 한번 쿠 훌인과 그가 신뢰하는

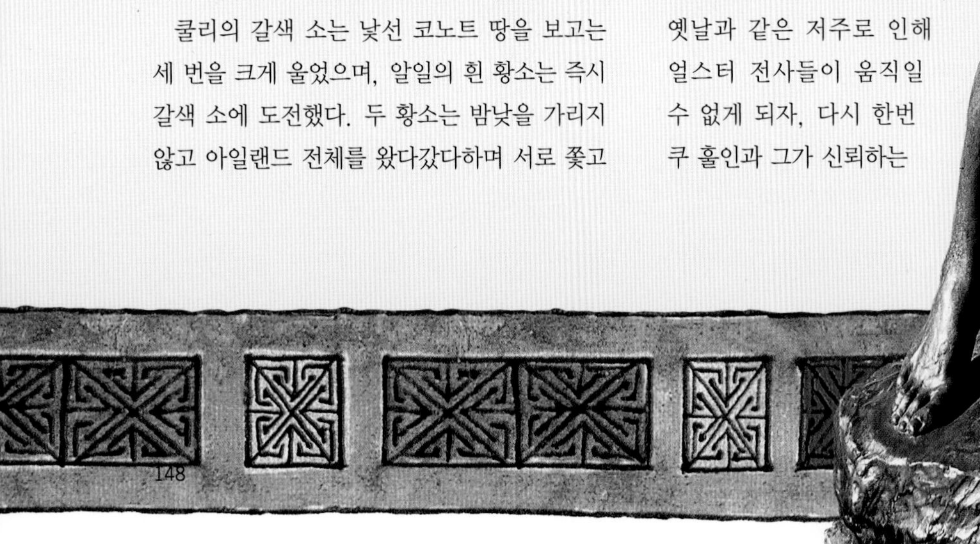

로이그가 전차를 타고 적들을 막으러 나갔다. 그러나 이번에는 쿠 훌인이 전투를 준비하는 과정에서 불길한 징조들로 가득 찼다. 무기가 그의 발에 떨어졌으며, 전투시에 입는 망토의 브로치가 그의 살을 찔렀고, 두 마리의 전차마 가운데 하나인 마차의 회색마가 피눈물을 흘리며 울었다.

쿠 훌인이 침략자들에 맞서자, 루구드는 세 자루의 마법의 창 중에서 첫 번째 창을 던져 '전차몰이의 왕' 인 로이그를 죽였다. 얼크는 두 번째 창으로 '말의 왕' 인 마차의 회색마를 죽였다. 루구드는 세 번째 창을 아일랜드 영웅의 왕인 쿠 훌인에게 던져, 그의 옆구리에 명중시켰다.

쿠 훌인의 상처는 치명적이었다. 그는 천천히 전차에서 내려와, 스스로 몸을 근처의 바위에 묶어 서 있는 자세로 적들을 맞이할 수 있게 했으며, 칼을 뽑아들었다. 그때까지 감히 그 누구도 그에게 다가가지 못했다. 마침내 그의 이마 위의 영웅의 빛이 흐려지고 나서야 루구드가 다가섰다. 루구드는 쿠 훌인의 머리를 한쪽으로 잡아당기고는 그의 머리를 베어버렸다. 그 즉시 쿠 훌인은 손에서 칼을 떨어뜨렸으며, 칼이 땅바닥에 떨어지며 루구드의 팔을 잘라버렸다. 얼스터의 전사 쿠 훌인이 죽은 것이다.

쿠 훌인은 바위에 스스로 몸을 묶은 채 적들을 맞이하며 죽어간다.
적들은 그의 어깨 위에 앉은 까마귀를 보고 그의 죽음이 임박했음을 알 수 있었다.

더블린에 남아 있던 시트류크만이 무사했다.

그러나 도나카가 보루 왕이 될 수는 없었으며, 그의 아버지가 전사한 후 그와 그 일족이 먼스터 지역을 계속 다스리는 데 어려움을 겪어 아일랜드 대왕의 자리를 유지할 수가 없었다. 그 대신 마일 셰크닐 왕이 아일랜드에서 가장 강력한 군주로서의 그의 자리를 되찾아 1022년 사망할 때까지 왕위를 유지했다. 그후에는 새로운 왕조들이 일어나 아일랜드 대왕의 자리를 놓고 서로 경쟁했는데, 여기에는 오코너, 맥 머로, 맥 로크리 왕조 등이 있었으며, 이들은 서로 빈번하게 이합집산을 했다.

이와 동시에 전쟁의 개념도 바뀌어가고 있었다. 군주들은 점점 더 전쟁을 오랫동안 잔혹하게 수행하여 전쟁이 여러 달에 걸쳐 진행되었으며, 오래 지속되더라도 끝이 나기보다는 오히려 확대되는 경우가 많았다. 성곽이 없던 지역에 성곽이 들어서자, 11세기에는 왕권 역시 더욱 무장되었고, 직업적인 군대가 기존의 의무적으로 복무하던 병사들을 대체하게 되었으며, 군주들은 자체적으로 해상함대를 조직하여 보유했다. 그 결과 아일랜드 전체가, 12세기 아일랜드 역사를 서술했던 사가들의 표현대로 '공포의 땅' 이 되어버렸다.

이 모든 무력시위의 목표가 여전히 아일랜드 대왕의 자리였다고는 하지만, 그 자리는 예전과 마찬가지로 주인이 수시로 바뀌는 전리품과도 같은 것이었다. 그러나 보루 왕 한 사람이 아일랜드 전체를 통치하는 것이 실제로 가능함을 보여주자, 그 자리는 한층 더 탐나는 자리가 되었다. 보루 왕 사후 약 150년 동안 대왕의 자리를 차지하기 위한 경쟁자들로 넘쳐났으며, 그중 가장 강력한 의지를 가진 이가 렌스터의 미남 왕 더못 맥 머로로서, 그는 12세기 중엽에 아일랜드 정치무대에 등장하게 된다.

1110년경에 출생한 더못은 위대한 아일랜드 서사시들을 섭렵한 후, 신화에 등장하는 영웅들의 위업을 통해서 대왕이 되고자 하는 야망을 키워나갔다. 16세에 그는 자신이 속한 투아타의 왕이 됨으로써, 자신이 태어난 나라

이 현대 석판화는 바이킹 전사 브로디어가 어린 호위병을 압도하며 보루 왕을 죽이려는 장면을 묘사하고 있다. 클론타프 전투에서의 보루 왕의 전사는 먼스터 군대에게는 비극이자, 보루 왕의 후손인 오브라이언 가문에게는 큰 타격이었다.

의 옛 영광을 되찾고 결국에는 스스로 아일랜드 대왕의 자리를 차지하기 위한 첫발을 힘차게 내디뎠다.

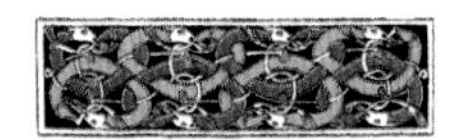

"그 수녀는 포로가 되어 남자의 침대에 올려졌다."

20대 초에 더못은 경쟁관계에 있던 왕조의 도전을 물리치고 렌스터 지역의 왕좌를 차지함으로써 렌스터 왕으로서의 입지를 굳혔다. 그러나 더 큰 꿈을 이루기 위한 노력을 시작하기 전에, 더못은 우선 무역도시인 웩스퍼드와 워터퍼드의 충성을 확보하고, 자신의 왕국을 서쪽으로는 섀넌 강, 북쪽으로는 더블린까지 확장함으로써 렌스터의 이전 세기의 영토를 수복해야 했다. 이 일을 이룬 후 그는 1140년대 초 아일랜드를 휩쓸었던 왕조간 전쟁에서 어느 편에 설 것인지를 선택해야 했으며, 그 결과를 기다려야 했다. 그는 우세한 쪽을 선택하여 곧 대왕이 될 예정이었던 얼스터의 뮈어처닥 맥 로크린과 동맹을 맺기로 결정함으로써, 코노트의 왕으로서 대왕 자리를 노렸던 터로 오코너와 그와 동맹을 맺은 미스의 왕 테유르난 오로크와 대립하게 되었다.

당시의 권력싸움에서 부드러움이 반드시 미덕일 수는 없어서, 후일 더못이 그의 왕국에 교회와 수도원을 세움으로써 자신의 지나친 행위를 보상하긴 했으나, 그 또한 무자비함으로 악명이 높았다. 예를 들어, 상처가 치유되고 오랜 시간이 지난 후에도 사람들은 여전히 더못이 17명의 족장들을 장님으로 만들어 렌스터 북부지역의 반란을 진압한 사실에 대해 이야기했다. 그가 죽는 날까지, 그의 대부분의 정적들은 더못 맥 머로라는 이름을 들먹일 때마다 킬데어의 성 브리짓 수녀원의 대수녀원장의 기억을 떠올리지 않을 수 없었다. 더못과 경쟁관계에 있던 왕조의 백성이었다는 것이 그녀에게는 불운이었다. 1132년에 더못의 명령에 따라 "그 수녀는 포로가 되어 남자의 침대에 올려졌다"고 역사기록은 전한다.

더못은 납치도 곧잘 자행했으며, 1152년에는 테유르난 오로크의 아내를 납치함으로써 그로부터 끊임없이 증오를 사게 되었다. 아름다운 데어보길이 그녀 자신의 납치에 있어서 얼마만큼의 역할을 했는지는 미지수이지만, 42세의 더못은 자신의 경쟁자의 아내에 눈독을 들이며 적극적으로 나섰을 것이라고 이야기는 전한다. 수줍어하는 처녀시절을 오래 전에 지나온 44세의 데어보길이 어쩌면 구애자인 더못을 부추겼을지도 모른다. 혹자는 그녀가 더못에게 그러한 취지의 전갈을 보냈다고도 한다.

어찌되었든 더못은 지체 없이 말에 올라 선두에서 그녀를 '구출'하기 위해 달려갔다. "그가 명령을 내려 그녀를 기수 뒤에 태우도록 하자, 그 여인은 마치 더못이 강제로 자신을 데려가기라도 하는 듯이 거짓으로 울며 소리쳤고, 그는 이런 식으로 그녀를 데리고 렌스터로 돌아왔다"고 17세기의 한 역사가는 기록했다.

더못이 데어보길을 빼내왔을 때 그의 마음속에는 단순한 연애 감정 이상의 그 무엇이 있었을 것이다. 왜냐하면 다른 사람의 아내를 훔치는 것은 그의 소를 훔치는 것(더못은 소도 이미 훔쳤다)보다 훨씬 큰 모욕이었기 때문이다. 그러나 더못이 데어보길과 잠자리를 같이했다고 해도 그것은 1년 동안이었으며, 그후 부정한 아내 데어보길은 남편 테유르난과 화해하고 그에게 돌아갔다. 그 일을 용서할 수 없었던 미스의 왕 테유르난은 복수를 계획하고 이듬해 더못 왕국의 일부 지역을 약탈함으로써 반격을 가했다.

이 급습이 성공한 데 대해 테유르난은 흡족하지는 않았겠지만 기뻐했음에는 틀림없다. 그러나 테유르난은 그의 적이 무자비한 것만큼이나 인내심을 가질 수 있었으며, 평생을 바쳐서라도 더못이 그의 명예를 손상시킨 것을 되갚아주리라 마음먹었다.

복수를 하는 데는 14년이란 세월이 필요했다. 더못과 동맹을 맺었던 뮈어처닥 맥 로크린 대왕이 1166년에 죽자 아일랜드 대왕 자리를 둘러싼 치열한 경쟁이 뒤따랐고, 더못은 자신이 동맹을 잘못 맺었음을 깨닫게 되었다. 즉, 비슷한 시기에 사망한 터로 왕의 아들 로리 오코너가 새로운 대왕의 자리에 올랐고, 앙심을 품고 있던 테유르난 오로크가 그와 동맹을 맺고 있었던 것이다. 더블린의 바이킹과 북부 렌스터의 일부 귀족들이 더못에 반기를 들자, 기회를 엿보고 있던 테유르난은 자신의 계획을 행동에 옮기기로 결심했다. 오코너의 축복 속에 테유르난과 그의 군대는 렌스터를 급습하고 더못 왕국의 심장부로 진격하여 그의 요새를 파괴했다. 더못은 폐위되었으며, 노리는 적들은 넘쳐나는데 도움을 줄 동지는 거의 없어 그는 곧 아일랜드 해를 건너 잉글랜드로 향했다.

잉글랜드에서의 더못 맥 머로는 왕국 없는 왕이었으며, 자신의 왕국을 되찾는 데 필사적이었다. 그는 순풍을 받으며 1166년 8월 브리스틀에 도착했는데, 그의 아내와 딸 에바, 그리고 소수의 추종자들만이 그와 동행했다. 친구의 집에 자리를 잡자마자 어떤 계획이 그의 머릿속에 떠올랐는데, 그것은 그의 조국 아일랜드와 이웃한 잉글랜드와의 관계를 껄끄럽게 만들 수 있는 것이었다.

더못은 불과 1년 전에 잉글랜드의 노르만 왕 헨리 2세에게 자신의 더블린 함대를 빌려줌으로써 헨리 2세가 반란이 잦았던 웨일스 지역을 더욱 압

렌스터의 왕좌를 필사적으로 되찾으려 했던 더못은 앵글로-노르만과 동맹을 맺었다.

박할 수 있었다는 사실을 기억해냈다. 그는 그 빚을 되돌려받을 때가 되었으며, 자신의 왕국을 되찾는 데 있어 헨리 2세를 활용할 수 있다고 생각했다. 그러나 헨리 2세는 잉글랜드뿐만 아니라 프랑스 대부분의 지역에 이르렀던 영토를 돌아다니는 버릇이 있어서 그를 만나기란 결코 쉬운 일이 아니었다. 우선 더못은 노르망디에서 그를 찾아보고는 다음으로 프랑스 남부지방을 향해 가며 변덕스러운 헨리 2세의 행방을 수소문하고 다녔다.

성탄절이 지난 어느 날, 더못은 마침내 프랑스 남서부의 아키텐에서 헨리 2세를 만나 도움을 요청했다. "헨리 폐하, 하나님께서 함께하시고 지켜주시기를 기원합니다." 한때 렌스터의 왕이자 후에 다시 왕이 될 더못이 쉰 목소리로 말했다. 그의 목소리가 쉰 것은 전장의 소음 속에서 너무 자주 소리를 질렀기 때문이라고 한다. 더못은 계속해서, 그가 찾아온 것은 자신의 백성에게서 받은 수치를 되갚기 위함이라고 말했다. 자신이 당한 처사는 부당하다고 주장하며, 그는 튜닉을 두르고 있는 허리띠를 초조한 듯 만지작거렸다. "그 어떤 왕도 자신의 왕국에서 추방되어서는 안 됩니다." '그 어떤 왕도'라는 말이 동료 군주인 헨리의 동의

자신의 영토를 다스리기에 바빴던 헨리 2세는 침략군을 직접 이끌 수가 없어, 자신을 상징하는 붉은색과 황금색으로 된 기를 아일랜드로 가져가는 것을 허락했다.

를 얻어낼 수 있을 것이라 생각하며 그가 말했다.

안색이 불그스레했고 34세의 나이에 벌써 배가 나와 있던 헨리 2세는, 동정적이었으나 어떤 약속도 하려들지 않았다. 헨리 자신도 여러 가지 문제로 골머리를 앓고 있었던 것이다. 이를테면, 완강하게 저항하는 웨일스가 있었고, 고집불통 베켓 주교 문제도 있었다. 그밖에 브르타뉴와 바로 이곳 아키텐에서의 반란 음모와, 지긋지긋한 스코틀랜드는 말할 것도 없었다. 또한 그가 아일랜드를 지배하고(그때까지도 아일랜드를 지배하기보다는 영향력을 미치는 편이 더 나았다) 싶어할 만큼 아일랜드가 발전해 있지도 않았다.

그러나 더못이 헨리 2세의 도움을 구하고자 스스로를 더욱 낮추자, 헨리 2세는 이 모든 것을 내색하지는 않았다. "저는 폐하 신하들의 면전에서 폐하께 호소하기 위해 왔습니다." 더못은 회색 눈의 헨리 2세와 아마포로 만든 옷을 걸친 그의 신하들이 자신의 인사를 진심으로 받아주길 기대하며 간청했다. "바라옵건대 헨리 대왕이시여." 그는 말을 꺼냈다가 잠시 멈추어 숨을 고르고는, 결코 그 누구에게도 하고 싶지 않은 내용의 다짐을 했다. "폐하께서 저를 도와주신다면, 앞으로 평생토록 폐하의 충성스런 신하가 되겠나이다."

헨리 2세는 미소를 거두었다. 어떻게 할 것인가? 피로써 그 대가를 치러야 겠지만 기회가 생겼고, 무력 사용을 대수롭지 않게 여기긴 했으나 이미 팽창된 군사력을 그는 무리하게 사용하지는 않고 있었다. 그는 애원하고 있는 더못 왕으로부터 몇 발자국 떨어져 걸으면서, 두 손을 넓은 등 뒤에서 느슨하게 쥐고 생각에 잠겨 있었다. 도대체 어떻게 해야 한단 말인가?

물론, 더못을 그냥 보내서는 안 된다고 계산 빠른 헨리는 생각했다. 더못

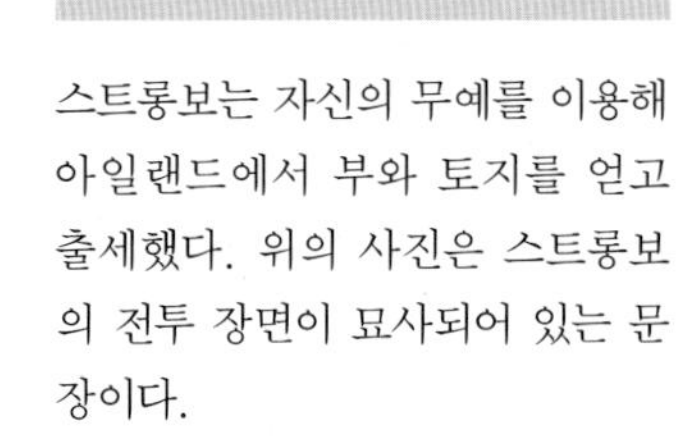

스트롱보는 자신의 무예를 이용해 아일랜드에서 부와 토지를 얻고 출세했다. 위의 사진은 스트롱보의 전투 장면이 묘사되어 있는 문장이다.

더못은 용병 스트롱보에게 자신의 딸 에바를 주었다. 이 결혼식으로 아일랜드 인과 앵글로-노르만 인이 영원히 인연을 맺게 되었다.

해외로부터 건너온 왕

1171년에 잉글랜드의 헨리 2세는 중무장한 군대를 거느리고 아일랜드 해를 건너와, 아일랜드 인들과 앵글로-노르만 인들에게 자신이 그들의 군주임을 주장했다. 아일랜드의 앵글로-노르만 인들은 스스로를 헨리 2세의 신하라기보다는 독립적인 군주로 여기는 경향이 있었다.

헨리 2세는 아일랜드를 여행하는 동안, 고대 먼스터 왕들의 영지였던 캐설 바위 노두(露頭)에 있는 대성당(왼쪽 사진)을 방문하여 아일랜드 주교들로부터 충성 서약을 받았다. 아일랜드를 떠나기에 앞서 헨리 2세는 더블린을 그의 식민지 행정수도로 공표하고, 더블린에 최초의 자치도시 특허장(오른쪽)을 교부했다.

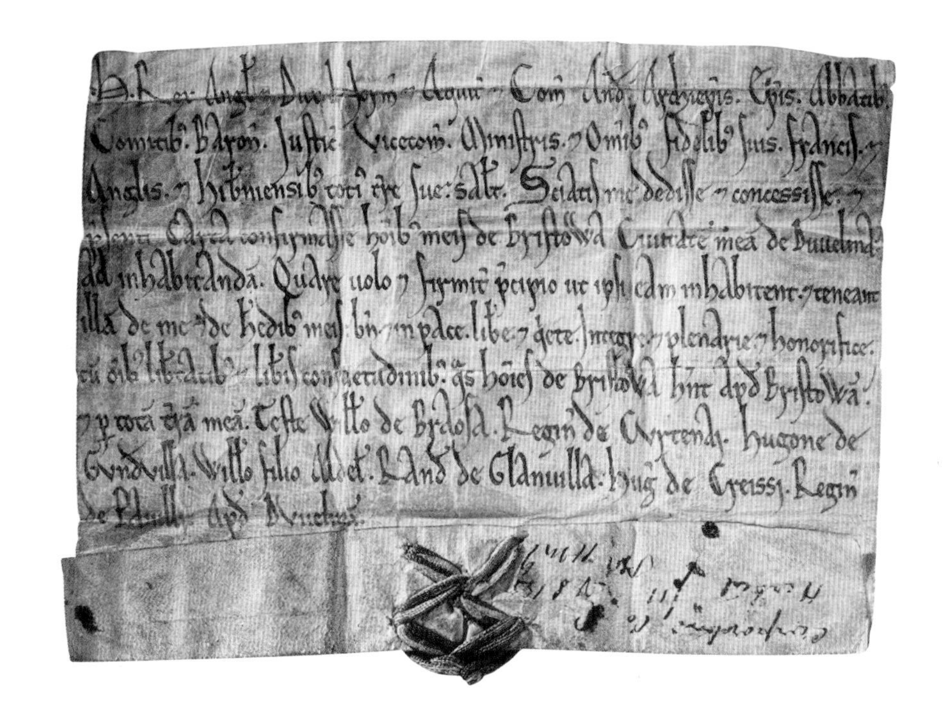
H. Rex Angl. Dux Norm. Aquit. Com. And. Archiepis. Epis. Abbatib.
Comitib. Baron. Justic. Vicecom. Ministris. 7 Omib. Fidelib. suis. Francis. 7
Anglis. 7 Hibniensib. toti terre sue: salt. Sciatis me dedisse 7 concessisse. 7
psenti carta confirmasse hoib. meis de Bristowa Ciuitate mea de Duuelina
ad inhabitanda. Quare uolo 7 firmit pcipio ut ipsi ea inhabitent 7 teneant
illa de me 7 de heredib. meis bn 7 in pace. libe 7 qete. integre 7 plenarie 7 honorifice.
cu oib. libtatib. 7 libis consuetudinib. qs hoies de Bristowa hnt apd Bristowa.
7 p tota tra mea. Teste Willo de Braosa. Regin de Curtenai. Hugone de
Gundevilla. Willo filio Aldel. Rann de Glanuilla. Hug de Creissi. Regin
de Pauill. Apd [illegible]

은 자신이 아니면 다른 곳에서, 예를 들어 스코틀랜드에서 도움을 구할 수도 있고 그렇게 되면 그 결과가 좋을 리가 없었다. 게다가 아일랜드 자체도 매력적인 땅이었다. 어느 왕이 자신의 왕관을 장식할 보석으로 아일랜드를 마다할 것인가? 또한 헨리 2세 자신도 아일랜드에 대한 권리를 가지고 있지 않은가? 교황 스스로도 10년 전 칙서에서 교회가 전 세계 모든 섬들의 소유권을 확인한다고 발표했고, 아일랜드에 대한 증서를 작성하여 자신에게 양도하지 않았던가? 그렇다면 아마도 무슨 조치를 취할 수 있을 것이다. 또한 헨리 2세는 자신이 지금 더못을 도와줌으로써 훗날 적당한 시기가 되면 더욱 확고하게 아일랜드를 장악할 수도 있을 것이라고 생각했다.

헨리는 다시 더못 쪽을 돌아보며 그의 충성 서약을 받아들이고 돕겠다고 약속했다. 더못은 표정이 환해졌으며, 그가 떠나기 전에 헨리 2세가 선물을 안겨주자 더욱 표정이 밝아졌다. 그 선물이란 헨리 2세의 서명과 날인이 들어 있는 '렌스터 군주 더못'에게 사병을 모집할 권한을 부여한 면허장이었다. 헨리는 면허장에서 다음과 같이 선포했다. "이러한 이유로 우리 영토 내의 모든 자는 우리의 신하로서, 그가 영토를 회복함에 있어 도움을 주어야 하며, 우리의 호의와 승낙을 그에게 확인시켜주어야 한다."

헨리 2세의 재가를 얻은 더못은 잉글랜드로 돌아오자마자 곧 모병에 착수했다. 땅과 돈을 주겠다고 했는데도 처음에는 지원자가 거의 없었으나, 마침내 스트리기울의 리처드 피츠-길버트 백작을 만나는 행운을 잡게 되었다. 그는 붉은 머리에 주근깨투성이인데다가 목소리는 가늘고 얼굴은 여자 같아 별명인 스트롱보(Strongbow)가 어울리지 않았다. 그러나 명문가 출신의 스트롱보("그는 과거가 미래보다 더 밝았으며, 가문은 훌륭했으나 그다지 총명하지는 못했다"고 역사가인 제럴드는 썼다)는 그러한 모험에 뛰어들 나름대로의 이유가 있었으며, 나름의 조건 역시 내걸었다. 즉, 그는 더못 사후에 렌스터 왕 자리를 물려받기를 원했으며, 그러한 합의를 확실히 하기 위해 더못의 딸 에바를 달라고 요구했다.

더못은 좋든 싫든 스트롱보의 요구를 받아들였다. 다음으로 그는 자신의 대의를 내세워 병사들을 모집하는 데 별 어려움이 없었던 웨일스로 향했다. 바이킹 모험가들, 플랑드르의 용병들, 그리고 웨일스의 폭도들이 웨일스의 수년간에 걸친 전쟁으로 단련되어 있었고, 아일랜드에서 실력을 더욱 연마하고 싶어했으며, 동시에 자신들을 위해서라도 땅을 차지하고 싶어했다. 더못은 이들이 해낼 수 있을 것이라 믿어 의심치 않았다. 마침내 그는 파도에 침식된 웨일스 해안을 등지고 아일랜드를 향해 나아갔다.

아일랜드의 역사기록들에는 더못의 귀환에 대해 간략하게 언급되어 있을 뿐이다. 극소수의 추종자들이 그와 동행했고, 스트롱보는 같이 오지 않았다는 사실은 기록되어 있지 않다. 또한 기록되지 않은 것은 테유르난 오로크와 로리 오코너 대왕 등이 그의 귀환을 우려의 눈으로 바라보았다는 사실이다.

실제로 이 두 군주는 즉시 더못을 복종시킬 조치를 취했고, 자신의 군대 대부분이 아직 아일랜드 해를 건너오지 못했음을 알고 있었던 더못은 쉽게 굴복했다. 그가 당시에 필요로 했던 것은 시간이었으며, 시간을 벌 수만 있다면 그가 오래 전에 데어보길을 납치한 것에 대한 배상금으로 테유르난에게 100온스의 금을 지불한다고 해도 상관없었다. 그가 아일랜드에서 근거지만 확보할 수 있다면 그 무엇을 준다고 해도 괜찮았다.

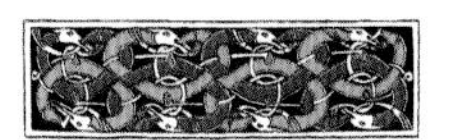

"그는 과거가 미래보다 더 밝았으며,
가문은 훌륭했으나 그다지 총명하지는 못했다."

이로써 테유르난은 더못을 궁지에 몰아넣었다고 생각했음에 틀림없다. 하지만 그것은 더못이라는 뱀을 자신의 영역으로 끌어들여 똬리를 틀게 만든 꼴이 되었으며, 더못은 반격할 기회를 노리고 있었다. 그로부터 1년이 지난 1168년에, "대규모 기사단이 바다를 건너 맥 머로에게로 왔다"고 역사는 기록하고 있다. 그후 곧바로 더못과 이 용병부대(2차 용병부대이며 1차보다 대규모였다)는 렌스터를 되찾기 위한 전면전을 개시하여 웩스퍼드를 포위했다. 1169년 가을이 되자 렌스터뿐만 아니라 더블린도 더못에 충성을 맹세했으며, 더못은 웨일스의 스트롱보에게 편지를 써서 서둘러 아일랜드로 오라고 했다. 몇 달이 흘렀다. 1170년 8월에 워터퍼드의 남쪽 수평선이 갑자기 돛으로 가득 찼다. 약 200명의 기사와 1,000명의 무장병력을 이끌고 스트롱보가 도착한 것이다. 그는 더못과의 약속을 지키고, 자신의 신부를 맞이하며, 자신의 뜻에 따라 아일랜드 역사를 움직이기 위해 온 것이다.

그러나 아무리 잘 짜여진 계획이라도 어긋나는 경우가 있어서, 이듬해 봄에 더못이 갑자기 사망함으로써 자신의 운명을 조국의 운명과 더불어 만들어

가겠다는 그의 꿈도 사라져버렸다. 그를 위한 대왕의 자리는 사라졌으며, 아일랜드 전체를 아우르는 단일 왕국의 꿈도 사라졌다. 더욱 불길했던 것은, 같은 해인 1171년에 스트롱보의 정복을 시기하고 항상 아일랜드를 탐내고 있던 헨리 2세가 친히 워터퍼드에 도착하여 그때까지 느슨하게 장악하고 있던 아일랜드를 더욱 확고하게 지배하려 했다는 사실이다.

ESSAY _ 4

금속세공품의 걸작들

옛 아일랜드 사회의 구성원들은 남자의 성공 여부를 그가 소유한 가축의 수로 가늠했다. 그러나 상대적으로 부유했던 사람들 사이에서는, 개인이 소유한 장식품 또한 그 사람의 부와 사회신분을 나타내주는 것이기도 했다. 예를 들어, 브로치는 망토나 기타 옷들을 고정시키기 위해 어깨 부근에 착용한 전형적인 아일랜드식 핀으로서, 8~9세기에는 거의 모든 사람들이 착용하여 한 개인이 소유한 부를 나타내주는 척도가 되었다. 이러한 브로치의 종류는 청동이나 구리합금으로 만든 매우 소박한 것에서부터, 금은으로 만든 정교한 것들에 이르기까지 다양했다. 정교한 브로치는 세심하게 작업한 후에 보석이나 유리, 에나멜 등으로 세팅을 했다.

아일랜드의 금속세공 전통은 BC 2000년경 구리의 발견에서 시작되었다. 금 역시 일찍이 이용 가능하여, 고르짓(gorget)이라 불린 화려한 목가리개 깃이나 록링(lock ring)으로 알려진 머리 장신구와 같은 귀중품을 만드는 데 쓰였다. 아일랜드 금속세공인들의 생산품 도안은, BC 5세기에서 BC 1세기까지 유럽 대륙에서 번성했던 켈트 족의 라텐 문화의 영향을 받았다.

그러한 도안은 밝은 색상과 소용돌이 형태의 추상적인 문양을 특징으로 했다. 바이킹의 영향을 강하게 받은 아일랜드 장인들은 스칸디나비아의 동물 그림을 도안에 흡수하여 독특하고도 아름다운 양식을 탄생시켰다.

금속세공인들은 아일랜드 사회에서 높은 사회적 지위를 누렸다. 그중 일부는 족장들의 궁정 금속세공 장인으로 일했으며, 일부는 여기저기 돌아다니며 일을 해주기도 했다. 아일랜드가 기독교 사회가 된 이후부터는 대부분의 금속세공 장인들은 수도원의 작업장에서 일하던 수도사들이었다. 이들 수도사들은 기독교 성찬식에 사용할 물건들을 만들었지만, 그들이 사용한 문양이나 기술은 여전히 켈트적인 특성을 반영하고 있었다.

타라의 브로치
AD 700경
아래 사진은 은으로 만든 핀에다 금박을 입힌 것으로서, 이른바 타라의 브로치라 불린다. 선조(線條) 세공, 에나멜, 호박, 금가루 및 유리로 양면이 장식되어 있다. 어깨 부근에서 망토를 고정시키기 위해 사용된 이 핀에는 고리줄이 달려 있어, 똑같은 크기의 다른 브로치와 연결시켰거나 브로치 끈의 구실을 한 것으로 보인다. 아래의 브로치와 다음 페이지들에 실려 있는 모든 세공품은 실물과 비슷한 크기이다.

금으로 만든 록링
BC 800－BC 600경
아래의 이중원추형 물건은 머리 장신구였을 것으로 추정된다. 풍성한 머릿단을 각 원의 틈을 통해 끼워 넣었을 것이다. 원 중앙에 있는 관 내부에 새겨진 돌기로 머릿단을 고정시켰다.

"그녀의 양 머릿단은 황금으로 장식되어 있었고,
각 머릿단은 끝부분을 공 모양으로 장식한
4개의 꼰 매듭으로 되어 있었다."

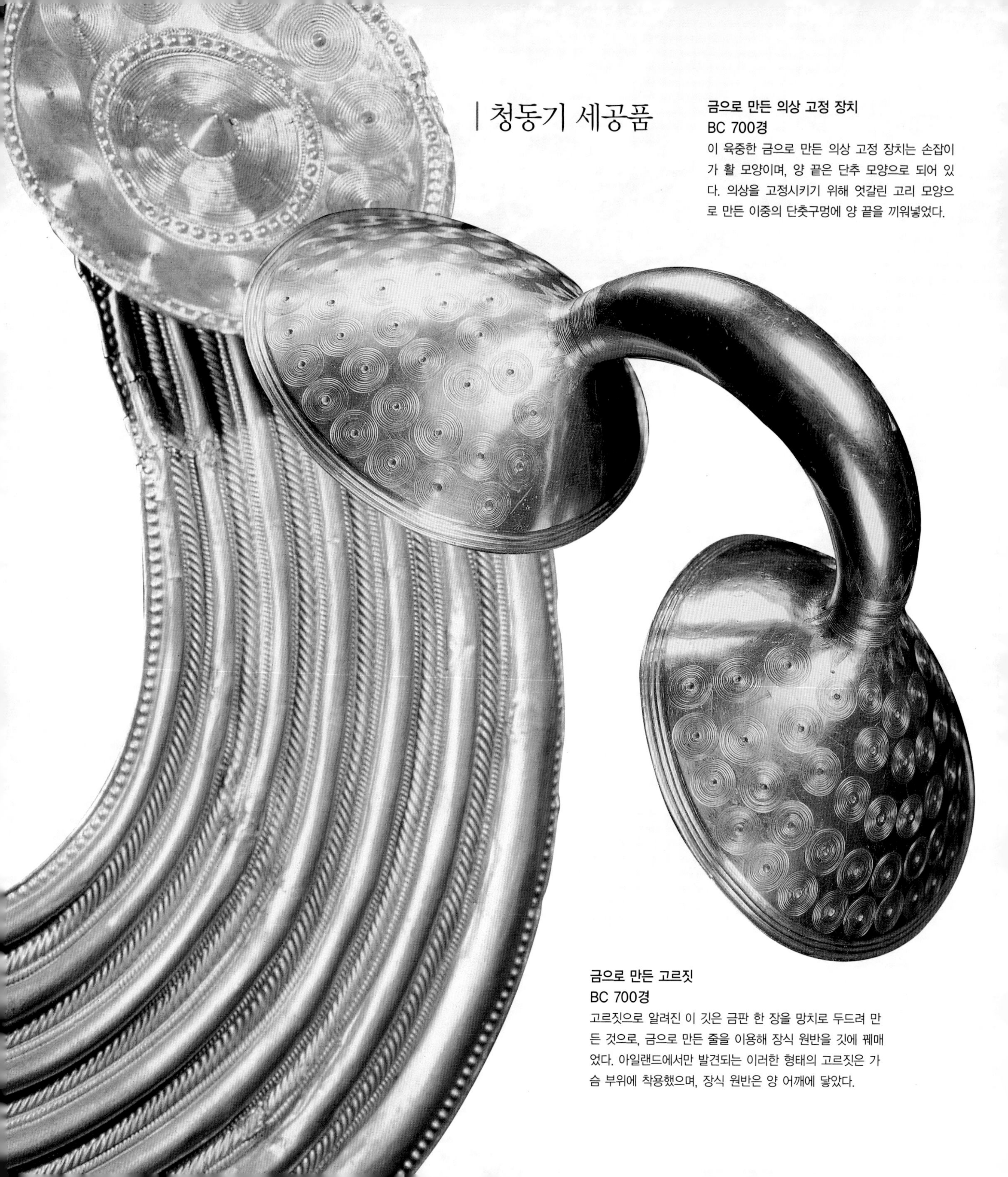

| 청동기 세공품

금으로 만든 의상 고정 장치
BC 700경

이 육중한 금으로 만든 의상 고정 장치는 손잡이가 활 모양이며, 양 끝은 단추 모양으로 되어 있다. 의상을 고정시키기 위해 엇갈린 고리 모양으로 만든 이중의 단춧구멍에 양 끝을 끼워넣었다.

금으로 만든 고르짓
BC 700경

고르짓으로 알려진 이 깃은 금판 한 장을 망치로 두드려 만든 것으로, 금으로 만든 줄을 이용해 장식 원반을 깃에 꿰매었다. 아일랜드에서만 발견되는 이러한 형태의 고르짓은 가슴 부위에 착용했으며, 장식 원반은 양 어깨에 닿았다.

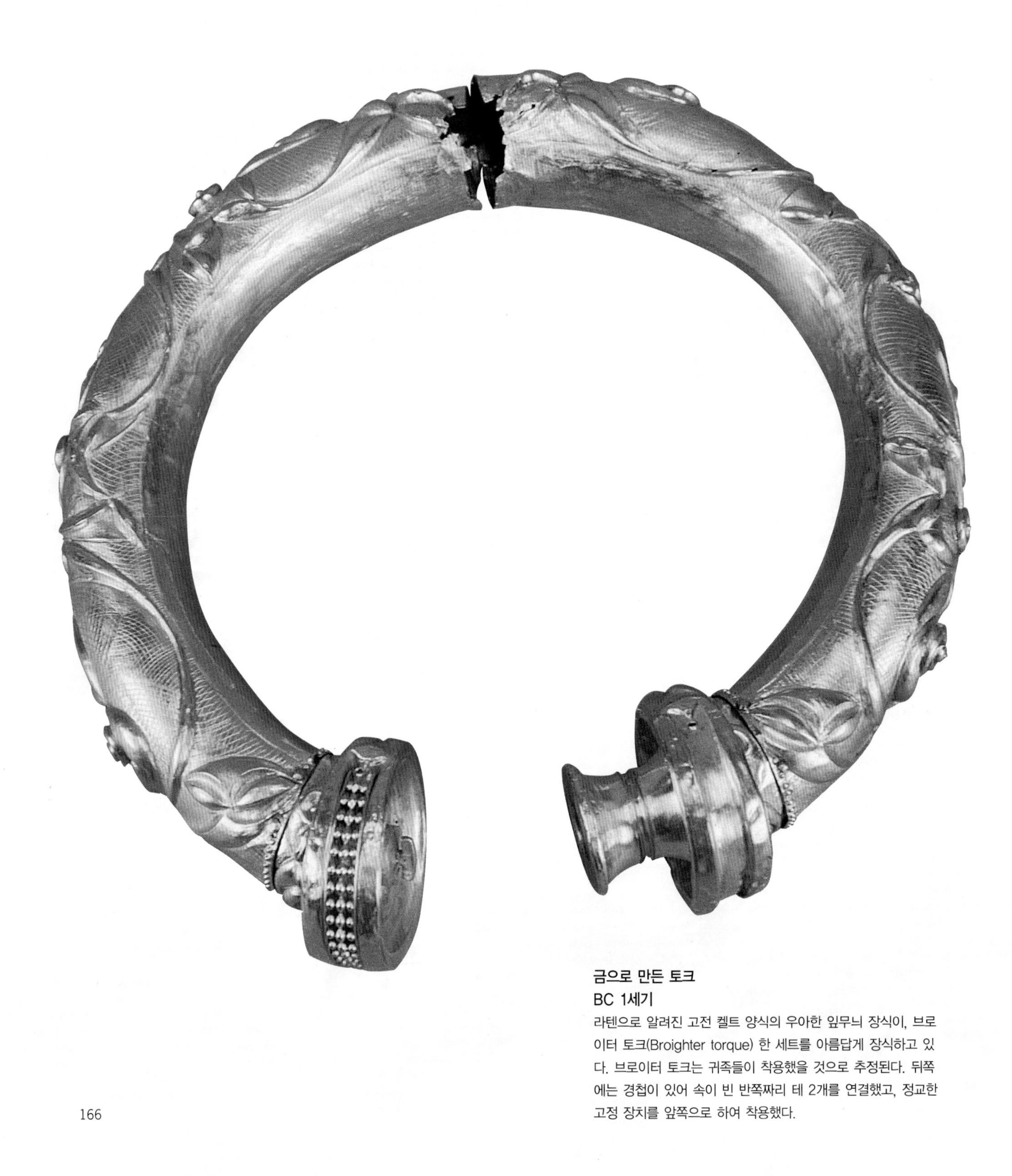

금으로 만든 토크
BC 1세기
라텐으로 알려진 고전 켈트 양식의 우아한 잎무늬 장식이, 브로이터 토크(Broighter torque) 한 세트를 아름답게 장식하고 있다. 브로이터 토크는 귀족들이 착용했을 것으로 추정된다. 뒤쪽에는 경첩이 있어 속이 빈 반쪽짜리 테 2개를 연결했고, 정교한 고정 장치를 앞쪽으로 하여 착용했다.

켈트 세공품

핸드핀
AD 500-600
손가락을 직각으로 구부린 채 손을 들고 있는 모양과 닮아서 핸드핀이라는 이름이 붙여졌다. 핸드핀은 망토 고정 및 장식용으로 사용되었다.

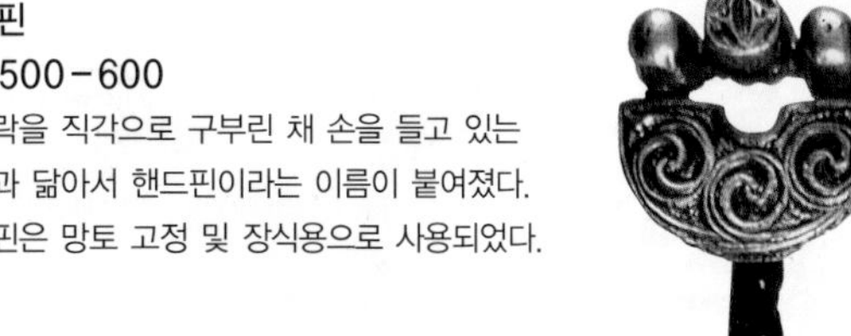

청동으로 만든 의상 고정 장치
AD 400-600
옷의 터진 부분에 끼워넣기 위해 청동으로 만든 의상 고정 장치의 대는 곡선 형태를 띠고 있다. 이 의상 고정 장치는 삼각 소용돌이 무늬로 장식되어 있으며, 중심에서 사방으로 뻗어나가는 형상(오른쪽 확대사진)을 하고 있다. 이 문양은 금속의 표면을 잘라내 만들었으며, 패인 홈에는 일시적으로 붉은 에나멜을 채워넣었다.

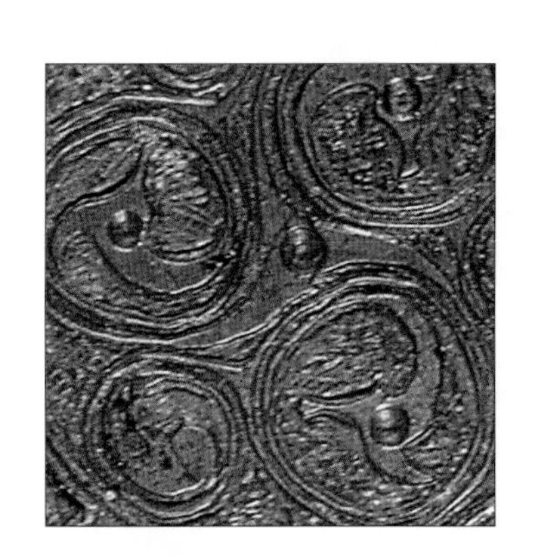

"그들은 손목과 팔에 팔찌를 하고,
목에는 순금으로 만든 무거운 목걸이를 걸며,
머리에는 육중한 록링을 하고,
심지어 코르셋까지도 금으로 만들어 입는다."

아다 성배
AD 700경
선조 세공과 에나멜로 아름답게 장식된 아다 성배는 부유한 어느 수도원의 것으로 추정된다. 잔의 둘레에는 몇몇 사도의 이름이 새겨져 있다. 성직자가 정화를 위해서 하늘을 향해 이 잔을 들었을 때에는, 잔굽 밑의 우아한 수정(위의 확대사진)이 보였을 것이다.

바이킹 이전의 기독교시대 세공품

청동 문 손잡이
AD 700경
청동을 주조해서 만든 이 동물머리 문 손잡이는 동물이 입으로 손잡이 고리를 물고 있는 형상이며, 고리는 많이 이용하여 표면이 닳아 부드러워져 있다. 아름답게 장식되고 세심하게 본떠진 이 동물의 눈은 호박으로 되어 있으며, 이빨도 정교하게 만들었고, 코 주위의 털은 나선 모양을 하고 있다.

"패트릭은 50개의 종, 50개의 성반, 50개의 성배, 제대, 법전들, 복음서들을 가지고 섀넌 강을 건너와 그것들을 새로운 장소에 모셔두었다."

바이킹시대 세공품

작은 돛 모양의 은제 브로치
AD 10세기

이 특이한 형태의 브로치에는 동물 모티프가 두드러지게 나타난다. 펜던트의 세 군데 끝에는 각각 짐승의 머리가 돌출되어 있으며, 펜던트는 50cm 길이의 핀에 경첩으로 부착되어 있다. 펜던트 표면은 섞어 짜여진 문양(아래 확대사진)으로 장식되어 있다.

킬라메리 브로치
AD 800경

바이킹 양식은 아일랜드 장식 브로치의 형태와 소재 모두에 영향을 미쳤다. 바이킹이 선호했던 귀금속인 은을 이용해 만든 이 브로치 역시, 바이킹이 즐겨 사용했던 직각 형태와 정형화된 동물 문양을 담고 있다. 시간이 지나면서 유리와 금, 호박 장식이 이용되었다.

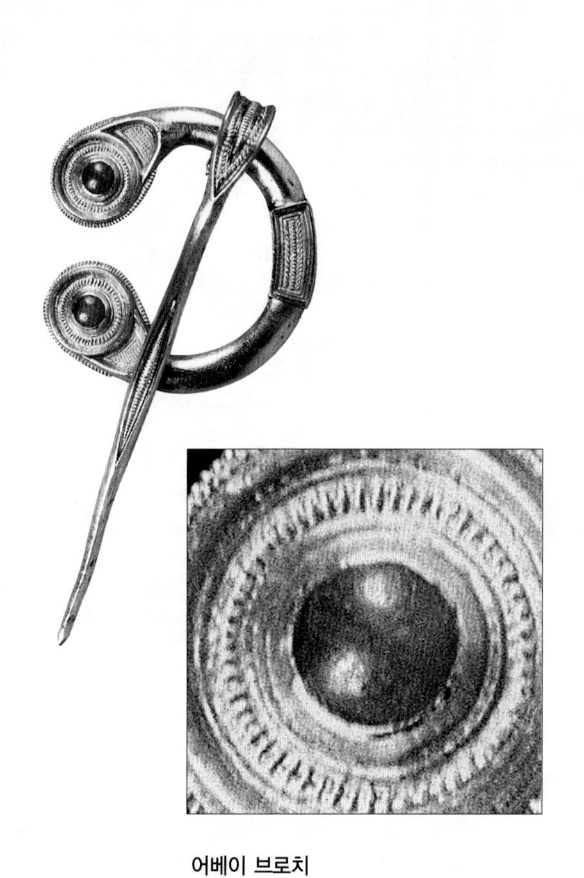

어베이 브로치
AD 800경
은으로 만든 이 브로치는 고리 양쪽 끝이 원반 모양으로 장식되었다. 원반 모양 장식의 중앙에는 갈색 유리가 박혀 있으며, 이 유리를 정교하게 세공된 주형 금박을 한 밧줄무늬의 주형(위의 확대사진)이 둘러싸고 있다.

은제 엉겅퀴 브로치
AD 10세기
단순하고 우아한 디자인의 이 브로치는 바이킹의 영향을 받은 시기의 것으로서, 엉겅퀴라는 가시투성이 식물 모양의 금박 장식을 하고 있다. 고리 양 끝에 각각 엉겅퀴 모양의 장식이 있고, 또 다른 엉겅퀴 모양 장식은 핀과 고리를 연결시켜주고 있다.

"브로치가 달린 자주색 망토가
그의 몸을 감싸고 있었다. 브로치는 금으로 장식되어
그의 흰 가슴 부근에 꽂혀 있었다."

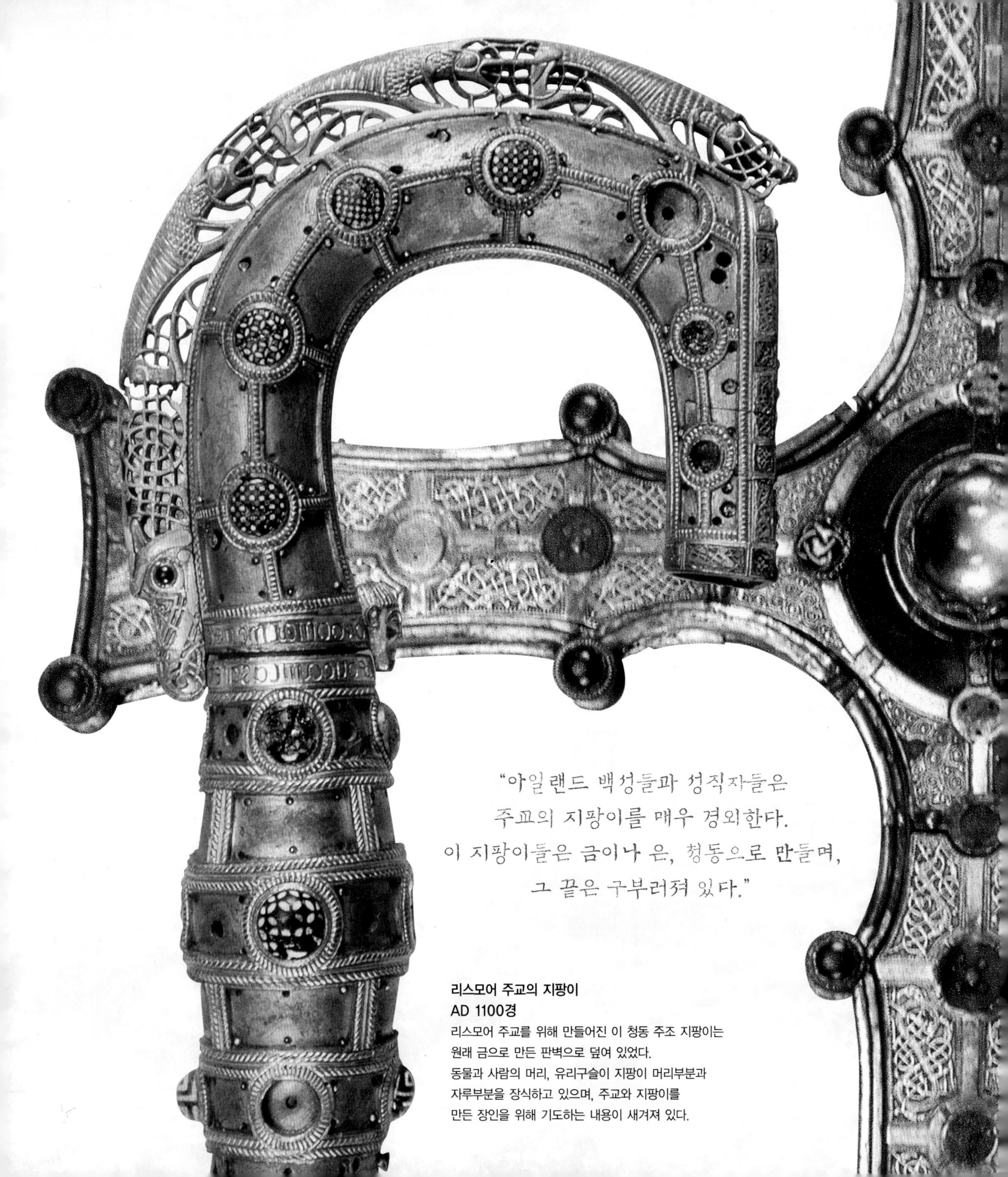

"아일랜드 백성들과 성직자들은
주교의 지팡이를 매우 경외한다.
이 지팡이들은 금이나 은, 청동으로 만들며,
그 끝은 구부러져 있다."

리스모어 주교의 지팡이
AD 1100경
리스모어 주교를 위해 만들어진 이 청동 주조 지팡이는
원래 금으로 만든 판벽으로 덮여 있었다.
동물과 사람의 머리, 유리구슬이 지팡이 머리부분과
자루부분을 장식하고 있으며, 주교와 지팡이를
만든 장인을 위해 기도하는 내용이 새겨져 있다.

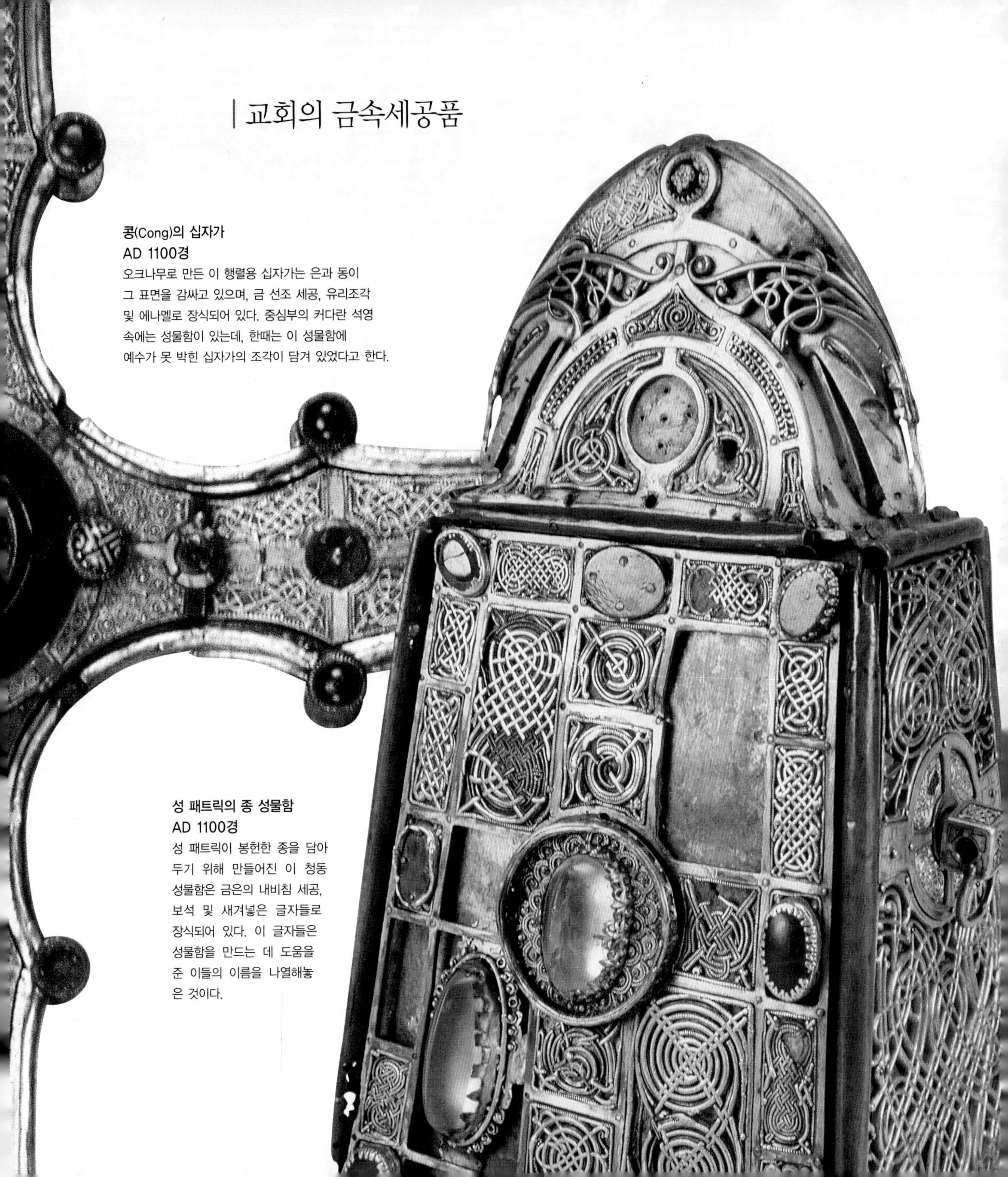

교회의 금속세공품

콩(Cong)의 십자가
AD 1100경
오크나무로 만든 이 행렬용 십자가는 은과 동이 그 표면을 감싸고 있으며, 금 선조 세공, 유리조각 및 에나멜로 장식되어 있다. 중심부의 커다란 석영 속에는 성물함이 있는데, 한때는 이 성물함에 예수가 못 박힌 십자가의 조각이 담겨 있었다고 한다.

성 패트릭의 종 성물함
AD 1100경
성 패트릭이 봉헌한 종을 담아 두기 위해 만들어진 이 청동 성물함은 금은의 내비침 세공, 보석 및 새겨넣은 글자들로 장식되어 있다. 이 글자들은 성물함을 만드는 데 도움을 준 이들의 이름을 나열해놓은 것이다.

거석(Megaliths)　'큰 돌' 이라는 뜻. 기념물을 세우는 데 이용된 거대한 돌이나 표석.

게일 인(Gaels)　아일랜드 인의 별칭.

겨울 식량(Winter food)　우유나 버터, 과일, 채소를 구할 수 없는 겨울철에 먹는 음식. 특히, 소금에 절이거나 말린 쇠고기, 소금에 절인 돼지고기, 소시지 및 훈제 베이컨을 가리킴.

고르짓(Gorget)　목 부위를 보호하기 위해 갑옷과 함께 착용한 깃. 아일랜드에서는 어깨 부위에 착용한 금속으로 만든 장식용 깃을 말함.

고십자가(High cross)　버팀 없이 서 있는, 대개는 상단에 부조와 장식이 되어 있는 돌로 만든 십자가. AD 6세기경에 세워졌음.

고인돌(Dolmens)　2개 이상의 선돌과 하나의 갓돌로 이루어진 신석기시대의 거석 구조물로서 보통 이 돌들이 석실을 이루고 있음. 원래는 흙으로 덮여 있어, 무덤으로 이용되었을 것으로 추정됨.

공동재산 결혼(Union of joint property)　아일랜드 법이 인정한 9가지 혼인 유형 중 하나로서, 신부에게 가장 명예롭고 유리한 혼인 형태. 신랑신부 양측이 동일한 액수의 혼수를 함으로써, 법적으로 신부는 '동등한 권리를 지닌 여성' 이 됨.

군단(Legion)　로마 군의 조직 단위로서, 원래 보병 3,000명(후에 6,000명)과 100～300명의 기병으로 조직되었음.

군주제도(Kingship)　왕의 위치, 권력 혹은 왕이 통치한 지역을 의미함. 아일랜드에서는 위상이 다른 왕들이 느슨한 서열 구조를 이루고 있었음. 왕에는 투아타 왕(자신의 투아타만을 지배), 루리(자신의 투아타와 몇몇 투아타를 동시에 통치), 리루레크(지역의 왕) 등이 있었음. 이 모든 왕들 위에 아드리, 즉 대왕이 존재했음.

뉴그레인지(Newgrange)　BC 3100년경에 세워진 보인 강 유역의 선사시대 무덤군의 일부로서, 신석기시대의 거석 돌방무덤이 있는 곳을 가리킴.

대수도원장(Abbot)　수도원의 최고 책임자.

대장장이(Smith)　쇠를 벼려서 연장이나 무기를 만드는 자. 아일랜드 사회에서는 이들이 초자연적인 힘을 지닌 것으로 여겼음.

돌방무덤(Passage graves)　시로도 불림. 신석기시대의 무덤으로서, 하나 이상의 석실로 이어지는 좁고 기다란 통로로 이루어짐. 켈트 족이 도래하기 오래 전에 세워졌으나, 그들이 시, 즉 초속적 세계의 거주지로 동화시킴.

동등한 권리를 지닌 여성(Woman of equal lordship)　아일랜드 법에서, 공동재산 결혼을 한 여성이 부여받는 지위로서, 재산 관리와 생업에 있어서 근본적으로 남편과 경제적, 법적으로 평등하게 인정받음.

드루이드 교 사제(Druids)　기독교 전래 이전 아일랜드의 식자층. 사제, 예언자, 주술사, 의사, 판관, 교육자 및 점성사 등의 역할을 겸했음. 그들의 가장 중요한 역할은 예언이었으며, 종교 및 정치 문제에 막강한 영향력을 행사했음.

드루이드의 방벽(Druid' s fence)　드루이드 교 사제가 전장에서 적군으로부터 아군을 보호해주는 수단으로 이용한 것으로 그들 사이에 장벽을 세웠다고 함.

라텐(La Tène)　BC 5세기에서 1세기 사이에 유럽 대륙에서 융성했고 아일랜드에서는 기독교시대까지 지속되었던 켈트 족의 철기 문명. 고전적인 켈트 양식.

라트(Rath)　원형 요새의 별칭.

로크(Loch)　피오르드와 유사한 호수나 만.

록링(Lock ring)　중앙의 관 내부에 새겨진 돌기로 머릿단을 고정시키는 데 사용한 머리 장식물.

롱십(Longship) 돛이 하나 달린 바이킹 배의 일종으로, 노 젓는 열이 양 측면에 길게 있음. 전쟁, 약탈, 탐험 등을 위해 바이킹들이 사용했음.

루누사(Lughnasadh) 아일랜드의 주요 켈트 제전 중 하나로, 8월 1일에 거행되었으며, 루 신과 추수의 시작과 관련됨.

루리(Ruiri) 자신의 투아타와 3~4개의 투아타를 다스린 '위대한 왕'을 의미함.

리루레크(Rí ruirech) '위대한 왕 중의 왕'으로서 한 지역의 군주를 가리키는 용어로 사용된 것으로 추정됨.

리아 포일(Lia fáil) 운명의 돌. 아일랜드 신화에 등장하는 돌로서, 투아타 데 다눈 족이 타라로 가져온 4가지 마법의 물건들 중 하나. 아일랜드 대왕으로서의 자격이 있는 자가 만지면 외침의 소리가 들렸다고 함.

몸값(Body price) 살인자나 그의 친족이 피해자의 가족에게 지불한 배상금. 신분에 따라 차이가 났던 '이름값' 역시 피해자의 가족에게 지불해야 했음.

바이킹(Vikings) 덴마크, 스웨덴, 노르웨이 지역 출신의 항해를 즐겼던 민족. 795년부터 아일랜드의 수도원들을 주기적으로 노략질하기 시작했으며, 결국 아일랜드에 정착했음.

벨테인 축제(Beltane) 5월 1일에 거행된 아일랜드의 이교 축제일. 여름의 시작과 가축의 고지대 방목지로의 이동을 기념했음.

보아루(Bóaire) '소의 주인'이라는 뜻. 약 1만 평의 땅을 소유한 자유농민.

본처(Chief wife) 남성이 첫 번째로 결혼한 아내. 아일랜드 법상으로는 본처 이외의 여성과도 결혼이 가능했으나, 본처가 아닌 경우에는 첩으로 간주되어 본처의 지위나 권리의 절반만을 누릴 수 있었음.

분할의 돌(Stone of divisions) '아일랜드 배꼽'의 별칭.

불리잉(Booleying) 가축을 겨울 축사에서 산중의 여름 공동 방목지로 옮기는 행위.

삼하인(Samhain) 11월 1일로서 아일랜드 이교의 4대 주요 축제들 중 하나. 가축의 여름 방목지로부터의 귀환, 여름의 끝과 겨울 및 새해의 시작을 기렸음.

샤데(Sét) 교환의 단위. 한 샤데는 젖소 반 마리에 해당함.

서쪽 바다(Western Sea) 대서양의 별칭.

선조 세공(Filigree) 원래 금은 구슬이나 작은 덩어리를 만들었던 섬세하고 복잡한 장식기술. 후에는 이 기술로 가늘게 꼰 줄을 만듦.

성물함(Reliquary) 돌아가신 성인의 옷가지나 유골 같은 성스러운 유물을 모시고 전시한 작은 가방이나 작은 상자 혹은 기타의 용기들.

성배(Chalice) 성찬용 포도주를 담았던 잔이나 받침잔.

성십자가(Scripture cross) 아일랜드 고십자가의 한 형태로서, 모든 면에 구약과 신약의 장면들을 부조해넣었음.

송아지 피지(Vellum) 송아지 가죽으로 만든 얇고 유연성 있는 물질. 책 낱장과 제본에 이용됨.

수녀(Nun) 수녀원에 들어가 성직에 종사하는 여성. 아일랜드에서 수녀는 일반 여성들이 누릴 수 없었던 법적 권리를 누리는 경우도 있었음. 그러한 권리는 수녀로서의 신분과, 가족에게서 받은 티놀이 넉넉한 경우에 재산을 가진 여성으로서의 신분에서 기인했음.

수도원(Monastery) 신앙생활의 서원에 제약을 받는 사람들의 공동체로서, 이들은 부분적인 혹은 완전한 고립 속에서 생활함. 그러한 공동체의 주거장소를 말하기도 함.

스크리바(Scribe, Scriba) 수도원에서 사본을 필사했던 수도사.

시(Sídh) 아일랜드 어로서 '요정의 무덤'이라는 뜻. 아일랜드 신화에서는 투아타 데 다눈들이 살았던 곳이며 초속적 세계로 통하는 문으로 알려졌으나, 실제로는 신석기와 청동기시대의 고분임.

아드리(Ard-rí) 아일랜드 신화와 역사에 등장하는 아일랜드의 대왕.

아버지가 살아 있는 아들(Sons of a living father) 아일랜드 법에서 아들을 분류했던 법적 범주로서, 아버지가 사망할 때까지 이 범주에 속하게 됨. 아버지가 사망하게 되면 토지를 상속받아 독립했음.

아일랜드의 배꼽(Navel of Ireland) 위스니치. 분할의 돌로도 불림. 이곳은 아일랜드의 주요 지역들이 교차하는 지점을 나타내는 것으로 여겨짐.

양육제도(Fosterage) 주로 부자와 귀족들 사이에서 어린 자녀를 다른 가정에 보내 훈육을 맡겼던 풍습.

얼스터 전설(Ulster Cycle) 예수의 시대와 동시대인 얼스터 영웅의 시대와 관련된 전설 및 이야기들. 이러한 이야기의 상당수는 구전에 기원을 두었으나, 8세기와 12세기 사이에 문자로 기록됨.

에마인 마차(Emain Macha) 아일랜드 신화에 등장하는 전쟁의 여신 마차의 요새. 지금의 네번 포트에 위치했던 듯하며, 적어도 BC 700년 이후부터 세워진 에마인 마차는, 신화 속의 얼스터 왕들의 궁전 터나 영웅적 전사 콘에어 맥 네사의 성채로 알려짐. 켈트족의 아일랜드에서 가장 신성한 곳들 중 하나.

에이레(Eire) 현대의 아일랜드를 일컬음. 아일랜드 여신 아이류에서 유래.

여름 식량(Summer food) 암소가 새끼를 낳아 우유 생산을 시작하는 이후인 여름철 동안에만 얻을 수 있는 버터 및 치즈를 말함.

영웅의 시대(Heroic age) 아일랜드 신화에서 예수 탄생 무렵에서부터 시작되어 수백 년간 지속된 것으로 알려진 시대로서, 이 기간 중 아일랜드에서는 전사들이 번성했으며, 그들의 위업은 얼스터 전설에 기록되어 있음.

영주(Lord) 중세의 지배층. 특히 왕과 귀족, 대지주를 말함. 옛 아일랜드에서는 가축(토지도 가능)을 농민(예속농민)에게 교부해준 대가로 약정된 재화와 용역(노역이나 군역 포함)을 제공받았음.

예속관계(Clientship) 귀족이나 영주가 가축(토지도 가능)을 농민(예속농민)에게 빌려주고, 그 대가로 약정된 재화와 용역(노역이나 군역 포함)을 제공받은 것을 가리킴.

예속농민(Client) 영주와 예속관계를 맺은 사람.

예언(Divination) 인간이나 짐승의 행동 혹은 자연현상을 관찰함으로써 미래를 내다보는 기술이나 행위.

오구루(Ócaire) 아일랜드 법전에 따르면, 약 5,000평의 토지, 황소 한 마리, 암소 · 돼지 · 양 각 7마리, 말 한 필을 소유한 소농.

오검(Ogham) 5세기에서 7세기에 이르기까지 아일랜드에서 사용된 20글자로 이루어진 알파벳. 쐐기와 점 형태를 다른 각도의 세로 방향으로 새겨넣어 구성. 웅변의 신 오그마의 영감을 받아 만든 것으로 알려짐.

오아낙(Oénach) 하나 이상의 투아타들로 구성된 회의로서 공적인 업무가 처리되었으며, 교역, 연회 및 놀이활동 등도 이루어졌음.

용병(Mercenaries) 외국 군대나 다른 부족 혹은 다른 지역의 군대를 위해 고용된 직업 군인.

원형 요새(Ring-fort) 라트. 흙 제방과 도랑으로 이루어진 원형의 요새화된 구역으로, 야생동물과 도둑의 접근을 막아주며, 이 경계 내에는 하나 혹은 그 이상의 집들이 위치함.

위스니치(Uisneach) '아일랜드의 배꼽'을 말함. 아일랜드의 얼스터, 먼스터, 렌스터, 코노트 지역이 교차하는 것으로 알려진 지점.

유장(Whey) 치즈 제조 과정에서 응유로부터 분리된 우유의 액체 부분으로서 음용됨.

융단 페이지(Carpet pages) 채색 사본에서 각 복음서의 서문으로서 고도로 장식된 페이지. 장식에 십자가가 있으면 십자가 페이지로도 불렸음.

의무를 다하지 못한 아들(Undutiful son) 아일랜드 법에서 규정한 책임을 무시하고 노부모를 봉양하지 않은 아들.

이름값(Honor price) 살인자나 그의 친족이 피해자 가족에게 지불한 배상금. 피해자나 그 가족의 신분, 그들 관계의 친밀성, 피해자의 성별에 따라 결정되었음. 피해자 가족에게 몸값 역시 지불했음.

이엉(Thatch) 짚, 골풀, 갈대, 나뭇잎 등으로 만든 지붕 이는 재료의 일종.

임바스 포로스나(Imbas forosna) '빛을 밝혀 알려주는' 이라는 뜻. 아일랜드 민간전승에서는 미래 예언을 위해 행하는 의식을 뜻함.

임볼크(Imbolc) 아일랜드 이교의 주요 제전들 중 하나로, 매년 2월 1일에 봄의 시작을 알리기 위해 열렸음.

입석(Standing stones) 신석기 유적 중 하나. 경계나 매장지를 표시하기 위해 이용되었음.

자유인(Freeman) 노예나 농노가 아닌 사람을 가리키며 부족 내에서 완전한 법적 권리를 지녔음.

주교 지팡이(Crosier) 머리 부분이 십자가나 갈고리 형태로 장식된 지팡이. 대수도원장, 주교, 혹은 대주교가 권위의 상징으로 지녔거나 그들 앞의 누군가가 지녔음.

지석묘(Portal tombs) 고인돌.

첩(Concubine) 두 번째 부인. 본처에 비해 사회적 신분이 낮고 권리의 제약을 받았음.

초벽(Wattle and daub) 흙과 진흙을 섞어 윗가지를 덮은 건축 기법.

초속적 세계(Otherworld) 투아타 데 다눈 족이 켈트 족에 패한 후의 그들의 지하왕국과 종종 동일시됨. 마법의 땅으로 규정됨.

칠보 세공(Cloisonné) 장식 세공의 일종으로 얇은 금속조각이나 줄로 분리한 여러 색상의 에나멜로 표면을 장식함.

케언(Cairn) 표지나 기념으로 세운 돌더미.

켈토이(Keltoi) 유럽의 켈트 족을 가리키는 고대 그리스 어.

켈트 족(Celts) 원래 중부 유럽을 근거지로 활동했던 전사·농경 부족으로서 로마 제국 이전 시대에 서유럽으로 퍼져나가 브리튼 및 아일랜드까지 진출함.

켈트식 체발(Celtic tonsure) 아일랜드 수도사들의 머리 자르는 방식으로서, 두 귀를 이어주는 선을 기준으로 해서 정수리 앞쪽의 머리카락은 삭발하고 뒤쪽은 길게 기르는 것.

코라클(Coracle) 버들가지나 나무로 만든 틀 위에 짐승의 가죽을 덮어서 만든 작고 바닥이 둥근 배.

크레노그(Crannog) 호수나 늪에 있는 요새화된 천연 혹은 인공의 섬.

타라(Tara) 미스 지역의 보인 계곡에 위치한 약 150m 높이의 풀 언덕. 고대 문학에서는 이 언덕 위나 주변에 건물들이 있는 것으로 그려졌으며, 아일랜드 신화와 역사에서는 신성한 장소로 간주됨.

테샤크(Tuísech) '지도자' 의 뜻. 소(小)왕. 투아타의 지도자.

토인(Táin) 소도둑.

토크(Torque) 주술적이고 종교적인 의미를 지닌 목장식용 고리.

신분이 높은 자들이 착용했으며, 켈트 족의 신과 여신들이 목 주위에 두른 것으로 묘사됨.

투아타(Túath) 초기 아일랜드의 가장 기본적인 통치 단위. 본질적으로는 대가족 집단 혹은 부족으로서 각 투아타에는 왕이 있으며, 왕은 아일랜드 군주제도에서 최하위 군주에 속함.

튜닉(Tunic) 아마포로 만든 헐거운 의상으로서, 무릎 길이까지 내려왔으며, 허리에는 가죽 끈을 맸음. 중세 초기 아일랜드에서는 남녀 모두 입었음.

트루즈(Trews) 무릎 아래까지 오는 꼭 끼는 바지로, 아일랜드 병사들이 입었음.

티놀(Tinól) 공동재산 결혼에서 신랑신부 양측이 똑같이 부담하는 혼수. 대개는 신랑신부가 사용할 연장이나 용구가 포함되었음.

티유르나(Tigerna) '영주' 의 의미로, 원래는 소(小)왕, 투아타의 지도자였으나, 8세기에 이르러 이들의 권력과 영향력이 일개 지역 영주 정도로 축소됨.

팀판(Timpán) 아일랜드 설화에 자주 등장하는 현악기.

파인(Fine) 직계가족보다 범위가 넓은 친족 집단으로서, 4대에 걸친 남성 친족으로 일반적으로 증조부가 같은 모든 남성 후손들을 포함함. 아일랜드 경제에 있어서 법 집행 및 토지 소유의 기본 단위.

필리드(Filidh) 옛 아일랜드의 시인들로서, 세속적이고 종교적인 역할 모두를 수행한 지적 엘리트 집단이었으며, 아일랜드의 신화, 역사 및 계보의 보고이자 전달자이기도 했음.

피어 플라투웬(Fír flathemon) '왕의 진리 혹은 정의' 를 의미하며, 성군이 다스리면 모든 악들을 막을 수 있다고 믿었음.

피프스(Fifths) 아일랜드의 5대 역사적 지역들. 즉, 얼스터, 먼스터, 렌스터, 코노트, 미스 지역을 가리킴.

핵 실버(Hack silver) 동전, 목걸이, 팔찌 등에서 잘라낸 은 조각으로, 중량과 가치에 따라 교환의 매개체로 이용되었음.

환상열석(Stone circles) 신석기시대의 입석군으로서, 기념석들이 원형으로 배치되어 있음. 아일랜드 인들이 신성한 장소로 여겼음.

찾아보기

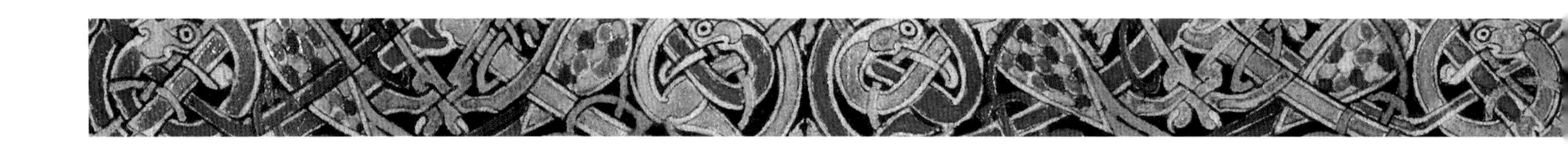

옮긴이_전일휘 동아대학교 신문방송학과를 졸업하고 현재 전문 번역가로 활동하고 있다. 옮긴 책으로는 《왕관 속의 보석》《주머니 속의 유럽사》 등이 있다.

What Life Was Like 유럽의 정복자 켈트 족

초판 1쇄 펴낸 날_2004. 12. 10

지은이_타임라이프 북스
옮긴이_전일휘
펴낸이_이광식
편　집_한미경 · 오경화 · 김지연
영　업_윤영민 · 조경자
펴낸곳_도서출판 가람기획
등　록_제13-241(1990. 3. 24)
주　소_(121-130)서울시 마포구 구수동 68-8 진영빌딩 4층
전　화_(02)3275-2915~7
팩　스_(02)3275-2918
전자우편_garam815@chollian.net
홈페이지_www.garambooks.co.kr

ISBN 89-8435-181-4 (04900)
89-8435-172-5 (set)

What Life Was Like Among Druids and High Kings
Edited by Denise Dersin

* 값은 뒤표지에 있습니다.
* 잘못된 책은 구입한 서점에서 바꿔드립니다.

* 서점에서 책을 살 수 없는 독자들을 위해 우편판매를 하고 있습니다.
수　협 093-62-112061(예금주:이광식)
농　협 374-02-045616(예금주:이광식)
국민은행 822-21-0090-623(예금주:이광식)